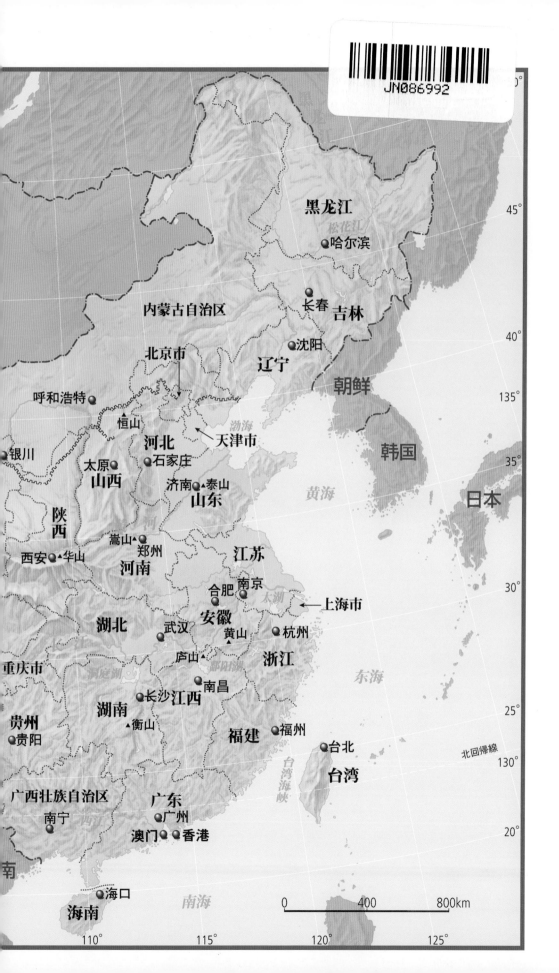

黑龙江

松花江

哈尔滨

内蒙古自治区

长春　吉林

沈阳

辽宁

北京市

呼和浩特

恒山

河北

石家庄

银川

太原　山西

济南　泰山

山东

陕西

嵩山

郑州

河南

西安　华山

江苏

合肥　南京

太湖

上海市

湖北

武汉　安徽

黄山

重庆市

庐山

鄱阳湖

洞庭湖

长沙　江西

南昌

浙江

杭州

贵州

湖南

衡山

贵阳

福建

福州

广西壮族自治区

广东

南宁

广州

澳门　香港

台北

台湾

海口

海南

朝鲜

韩国

日本

渤海

天津市

黄海

东海

南海

台湾海峡

北回归線

45°

40°

135°

35°

30°

25°

130°

20°

110°　　115°　　120°　　125°

0　　400　　800km

改訂版

たのしくできる
We Can! 中国語

中級

著者：徐　送迎

朝日出版社

音声ダウンロード

 音声再生アプリ「リスニング・トレーナー」新登場（無料）

朝日出版社開発のアプリ、「リスニング・トレーナー（リストレ）」を使えば、教科書の音声をスマホ、タブレットに簡単にダウンロードできます。どうぞご活用ください。

まずは「リストレ」アプリをダウンロード

▶ App Store はこちら　　　　▶ Google Play はこちら

アプリ【リスニング・トレーナー】の使い方

❶ アプリを開き、「**コンテンツを追加**」をタップ

❷ QRコードをカメラで読み込む

❸ QRコードが読み取れない場合は、画面上部に 45339 を入力し「Done」をタップします

QRコードは㈱デンソーウェーブの登録商標です

Webストリーミング音声

http://text.asahipress.com/free/ch/k-wecan-chukyu

まえがき

　この度、『たのしくできる We Can! 中国語』（中級）改訂版の運びとなりました。

　最近、教育改革の一環として、多くの大学は従来90分の授業を100分か、105分に改定しました。この延長によって、授業が活性化し、さらに多様化していくことが期待されています。改訂版では「達成度を自己確認」コーナーを設けました。ぜひご活用を頂ければと思います。

　本書は『たのしくできる We Can! 中国語』（初級）の続編で、準中級中国語の教科書です。初級と同様、学習者に中国語学習の楽しさや達成感を実感してもらい、聞けて話せるプラクティカルな中国語学習を目指しています。この目標に向かって、工夫したのは以下の5点です。

1. 本文は1回1課のテンポで学習できるように作成しました。教員と学習者の双方とも毎回明確な目標を持って授業に臨めます。
2. 味気ないと感じる文法の集中的説明を避け、ポイントを26課に分散し、簡潔、かつ明解な説明を加えました。
3. 1つの課の本文と文法を終了した後、すぐに練習問題を行います。学習の効果をその場で確認できることによって、学習の意欲がさらに高まって行くことを目指します。また、授業の間、内容や形式のバリエーションによって学習者に退屈さを感じさせません。
4. 内容を26のタイトルに分けたことで、語彙や表現に偏りがなくなり、幅広く習得できると同時に中国文化を考えるきっかけにもなります。
5. 聞き取り能力を高めるため、初級編に引き続き各課にリスニング練習を設けました。

　本テキストの学習によって、学習者の皆様に中国語を楽しんでいただき、毎回の授業で充実感と達成感を味わっていただければ、幸いです。

　最後になりましたが、本書の出版にあたり、朝日出版社中西陸夫氏、許英花氏に大変お世話になりました。厚くお礼を申し上げます。

作　者

目 次

まえがき

●装丁・本文デザイン　小熊未央　●イラスト　メディア・アート

TRACK 1　陳翔さんは加藤梨那さんを空港に迎えに来ている。

加藤: 陈 翔，谢谢 你 特地 来 机场 接 我。
　　　Chén Xiáng, xièxie nǐ tèdì lái jīchǎng jiē wǒ.

陈翔: 别 客气，我们 不 是 好 朋友 吗？
　　　Bié kèqi, wǒmen bú shì hǎo péngyou ma?

加藤: 好久 不 见 了，你 好 吗？
　　　Hǎojiǔ bú jiàn le, nǐ hǎo ma?

陈翔: 一切 都 好。你 来 长期 留学，我 太 高兴 了！
　　　Yíqiè dōu hǎo. Nǐ lái chángqī liúxué, wǒ tài gāoxìng le!

加藤: 又 能 一起 学习 了，我 也 非常 高兴。
　　　Yòu néng yìqǐ xuéxí le, wǒ yě fēicháng gāoxìng.

陈翔: 这些 都 是 你 的 行李 吧？我 来 拿。
　　　Zhèxiē dōu shì nǐ de xíngli ba? Wǒ lái ná.

6

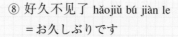

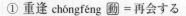 語 句

① 重逢 chóngféng 動 ＝再会する

② 特地 tèdì 副 ＝わざわざ

③ 机场 jīchǎng 名 ＝空港

④ 接 jiē 動 ＝迎える

⑤ 别客气 bié kèqi ＝遠慮しないで

⑥ 不是～吗 bú shì ～ ma ＝～ではないか

⑦ 一切 yíqiè 代 ＝すべて、一切の事物
（よく "都" と呼応することが多い）

⑧ 好久不见了 hǎojiǔ bú jiàn le
＝お久しぶりです

⑨ 都 dōu 副 ＝みんな、全部

⑩ 又 yòu 副 ＝また

⑪ 这些 zhèxiē 代 ＝これら、これらの

⑫ 行李 xíngli 名 ＝荷物

⑬ 拿 ná 動 ＝持つ、取る

第 1 課

 ポイント

1 反語文 "不是～吗" 「～ではないですか」

反語の形で強く肯定の意を表わす。

⑴ 那不是李老师吗？　　　Nà bú shì Lǐ lǎoshī ma?

⑵ 你不是也赞成了吗？　　Nǐ bú shì yě zànchéng le ma?

2 積極的な姿勢を示す "来"

他の動詞の前に置かれ、積極的な姿勢を示す。

⑴ 大家休息吧，我来做。　Dàjiā xiūxi ba, wǒ lái zuò.　　★大家：みんな、みなさん

⑵ 你们来拿这些行李。　　Nǐmen lái ná zhèxiē xíngli.

1 本文に基づいて質問に答えましょう。

(1) 陈翔去机场接谁？　　　　　　答_____

(2) 加藤来中国做什么？　　　　　　答_____

(3) 加藤非常高兴的是什么事？　　答_____

2 下記の日本語の意味になるように、語句を並べ替えましょう。

(1) これらの荷物は加藤さんのではありませんか。

（ 加藤　的　这些　不是　行李　吗　？ ）

_____

(2) また一緒に勉強することができて，私も非常に嬉しいです。

（ 又　也　一起　能　学习　高兴　了　我　非常　，　。 ）

_____

3 CD を聞いて会話内容と一致するものに○をつけましょう。

(1) 陈翔是加藤的好朋友。　　　（　　　）

(2) 加藤到机场接陈翔。　　　　（　　　）

(3) 加藤一个人来中国留学。　　（　　　）

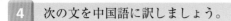

4 次の文を中国語に訳しましょう。

(1) お久しぶりですね。お元気ですか。

_____

(2) 私たちはよいお友達ではありませんか。

_____

(3) わざわざ空港まで出迎えてくれて，ありがとうございます。

_____

達成度 を自己確認 We Can!

A 次の（　）を埋めて日本語に訳しましょう。

(1) 我（　　　）介绍一下儿，这位是我的朋友。　　　　*这位：この方
Wǒ（　）jièshào yíxiàr, zhè wèi shì wǒ de péngyou.

日本語訳：...

(2) 你昨天不是也反对了（　　　）? 今天怎么赞成了? *怎么：なんで、どうして
Nǐ zuótiān bú shì yě fǎnduì le（　）? Jīntiān zěnme zànchéng le?

日本語訳：...

(3) 陈翔特地去机场（　）他的好朋友加藤。
Chén Xiáng tèdì qù jīchǎng（　）tā de hǎo péngyou Jiāténg.

日本語訳：...

B この課の中で一番覚えたい中国語を書いてみましょう。

```



```

TRACK 4
大学に着き、陈翔さんは手続きをしている加藤さんを待っている。

陈翔： 加藤，入学　手续　都　办完　了　吗？
Jiāténg,　rùxué　shǒuxù　dōu　bànwán　le　ma?

加藤： 还　有　一　个　表儿　没　填完。
Hái　yǒu　yí　ge　biǎor　méi　tiánwán.

陈翔： 填完了　表儿，我　陪　你　去　宿舍。
Tiánwánle　biǎor,　wǒ　péi　nǐ　qù　sùshè.

加藤： 好　的。听说　我　的　同屋　是　韩国人。
Hǎo　de.　Tīngshuō　wǒ　de　tóngwū　shì　Hánguórén.

陈翔： 那　你们　多　用　汉语　交谈　吧。
Nà　nǐmen　duō　yòng　Hànyǔ　jiāotán　ba.

加藤： 对。我　还　可以　跟　她　学　韩国语　呢。
Duì.　Wǒ　hái　kěyǐ　gēn　tā　xué　Hánguóyǔ　ne.

語句

① 入学 rù//xué 動 ＝入学する
② 手续 shǒuxù 名 ＝手続き
③ 办 bàn 動 ＝する、やる、作る
④ 表儿 biǎor 名 ＝表、用紙
⑤ 填 tián 動 ＝記入する、埋める
⑥ 陪 péi 動 ＝付き添う、お供する
⑦ 宿舍 sùshè 名 ＝宿舎、寮

⑧ 同屋 tóngwū 名 ＝ルームメート
⑨ 用 yòng 介・動
　＝〜で〜（する）、用いる
⑩ 交谈 jiāotán 動
　＝話し合う、言葉を交わす
⑪ 跟 gēn 介 ＝〜に、〜と
⑫ 韩国语 Hánguóyǔ 名 ＝韓国語

 ポイント

1 兼語文

一つの文の中に二つの動詞（或いはフレーズ）があり、第1の動詞の目的語が第2の動詞の主語になっている文。

(1) 我有一个朋友叫加藤。　　Wǒ yǒu yí ge péngyou jiào Jiāténg.

　＊一个朋友は第1動詞"有"の目的語であり、第2動詞"叫"の主語を兼ねる兼語。

(2) 大家选我当代表。　　Dàjiā xuǎn wǒ dāng dàibiǎo.

(3) 医生不让我爸爸抽烟。　←否定詞は第一動詞の前に置く。

Yīshēng bú ràng wǒ bàba chōu yān.　　★医生：医者

2 介詞 "跟〜" 「〜に、〜と」

主に動作の相手や共に行動する人を示す。

(1) 我跟你一起去。　　Wǒ gēn nǐ yìqǐ qù.

(2) 你跟老师商量一下儿吧。　　Nǐ gēn lǎoshī shāngliang yíxiàr ba.　　★商量：相談する

1 本文に基づいて質問に答えましょう。

(1) 陈翔要陪加藤去哪儿？　答 _____

(2) 加藤的同屋是哪国人？　答 _____

(3) 加藤想跟同屋学什么？　答 _____

2 下記の日本語の意味になるように、語句を並べ替えましょう。

(1) 私はまたルームメートにスペイン語を習うこともできますよ。

（　同屋　我　学　可以　还　跟　呢　西班牙语　。　）

★西班牙语 Xībānyáyǔ：スペイン語

_____

(2) 私の親友が一人フランスに留学しています。

（　朋友　我　有　留学　一个　法国　好　在　。　） ★法国 Fǎguó：フランス

_____

3 CDを聞いて会話内容と一致するものに○をつけましょう。

(1) 加藤的同屋不是日本人。　　（　　）

(2) 加藤的同屋不是韩国人。　　（　　）

(3) 加藤和同屋用英语交谈。　　（　　）

4 次の文を中国語に訳しましょう。

(1) 入学の手続きはすべてやり終わりましたか。

___

(2) 聞くところによると，彼女のルームメートは韓国人の方だそうです。

___

(3) じゃ，君たち，大いに中国語で語り合えるといいですね。

___

 を自己確認 We Can!

A 次の（ ）を埋めて日本語に訳しましょう。

(1) 我们（　　　）朋友学越南语和西班牙语。　　*越南语：ベトナム語
Wǒmen（　）péngyou xué Yuènányǔ hé Xībānyáyǔ.

日本語訳：...

(2) 中国朋友每天（　　　）我用汉语聊天儿。
Zhōngguó péngyou měi tiān（　）wǒ yòng Hànyǔ liáotiānr.

*聊天儿：世間話をする、お喋りをする

日本語訳：...

(3) 医生不（　　　）我爸爸抽烟，说可以喝一点儿啤酒。　　*啤酒：ビール
Yīshēng bú（　）wǒ bàba chōuyān, shuō kěyǐ hē yìdiǎnr píjiǔ.

日本語訳：...

B この課の中で一番覚えたい中国語を書いてみましょう。

13

TRACK
7

食堂に行く途中。

加藤: 陈 翔, 今天 的 听力 课 特别 难。
Chén Xiáng, jīntiān de tīnglì kè tèbié nán.

陈翔: 是 吗? 你 听懂了 多少?
Shì ma? Nǐ tīngdǒngle duōshao?

加藤: 我 有 一半儿 没 听懂。
Wǒ yǒu yíbànr méi tīngdǒng.

陈翔: 这 不 要紧, 慢慢儿 就 会 听懂 的。
Zhè bú yàojǐn, mànmānr jiù huì tīngdǒng de.

加藤: 但 愿 如此。不过 今后 我 一定 加油儿。
Dàn yuàn rúcǐ. Búguò jīnhòu wǒ yídìng jiāyóur.

陈翔: 别 着急。走, 我们 去 食堂 吃 饺子 吧。
Bié zháojí. Zǒu, wǒmen qù shítáng chī jiǎozi ba.

語句

① 听力 tīnglì 名
　＝リスニング、聞き取り能力
② 特别 tèbié 副 ＝とくに、とりわけ
③ 听懂 tīngdǒng ＝（聞いて）分かる
④ 一半儿 yíbànr 数 ＝半分
⑤ 不要紧 bú yàojǐn ＝かまわない、大丈夫だ
⑥ 慢慢儿 mànmānr 副
　＝しだいに、急がずに、ゆっくりと

⑦ 会 huì 助
　＝～するであろう、～するはずだ
⑧ 但愿如此 dàn yuàn rúcǐ
　＝そうなってくれればいいのですが
⑨ 不过 búguò 接 ＝ただ、でも
⑩ 一定 yídìng 副 ＝必ず、きっと
⑪ 加油儿 jiā//yóur 動 ＝頑張る
⑫ 着急 zháo//jí 形 ＝焦る、いらいらする

ポイント

1 形容詞の重ね型

(1) 请您慢慢儿走。　　　　Qǐng nín mànmānr zǒu.

※形容詞の重ね型が述語や補語になる時、"的"をつける。

(2) 加藤的房间干干净净的。　Jiāténg de fángjiān gāngānjìngjìng de.

★干净：清潔である、きれいである

(3) 小王晒得黑黑的。　　　Xiǎo Wáng shàide hēihēi de.

★晒：日光にあたる、照りつける　黑：黒い

2 助動詞 "会"(2)「～するであろう、～するはずだ」

助動詞 "会"(2)は、可能性を推測する。文末に "的" を加えると、その可能性が高いことを強調する。

(1) 明天会下雪吗？　　　　Míngtiān huì xià xuě ma?

(2) 你的听力一定会提高的。　Nǐ de tīnglì yídìng huì tígāo de.　　　★提高：上達する

1 本文に基づいて質問に答えましょう。

(1) "今天"的听力课怎么样？　答 _____

(2) 陈翔问加藤什么了？　答 _____

(3) 加藤说今后想怎么做？　答 _____

2 下記の日本語の意味になるように、語句を並べ替えましょう。

(1) 私たちの教室はいつも清潔です。

（ 教室　我们　总是　的　的　干干净净　。 ）　★总是 zǒngshì：いつも

_____

(2) あなたの夢はきっと実現するに違いありません。

（ 你　理想　的　的　实现　一定　会　。 ）

★理想 lǐxiǎng：夢　实现 shíxiàn：実現する

_____

TRACK **9**

3 CD を聞いて会話内容と一致するものに○をつけましょう。

(1) 今天的汉语课很难。　　　　（　　　）

(2) 昨天的汉语课不太难。　　　（　　　）

(3) 今天的汉语课加藤都听懂了。（　　　）

4 次の文を中国語に訳しましょう。

(1) それなら大丈夫。だんだん聞き取れるようになれるよ。

_____

(2) 是非ともそうありたいけれどね，これからも必ず頑張るよ。

_____

(3) 今日の中国語の授業は特に難しかったよ。

_____

達成度を自己確認 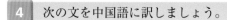 We Can!

Ⓐ 次の（　）を埋めて日本語に訳しましょう。

(1) 同学们，加油吧！你们的汉语水平一定（　　　）提高的。*水平：レベル
Tóngxuémen, jiāyóu ba! Nǐmen de Hànyǔ shuǐpíng yídìng (　　) tígāo de.

日本語訳：_____

(2) 昨天我们去海边游泳，大家都晒得黑黑（　　　）。*游泳：泳ぐ、水泳をする
Zuótiān wǒmen qù hǎibiān yóuyǒng, dàjiā dōu shàide hēihēi (　　).

日本語訳：_____

(3) 祖父昨天还好好儿（　　　），今天怎么就住院了？
Zǔfù zuótiān hái hǎohāor (　　), jīntiān zěnme jiù zhùyuàn le?

*好好儿：たいへんよい、元気だ　*住院：入院する

日本語訳：_____

Ⓑ この課の中で一番覚えたい中国語を書いてみましょう。

_____

TRACK **10**

🖊 陈翔さんは加藤さんを朝市に連れてきた。

加藤： 早市　好　热闹　啊！人　真　多。
　　　 Zǎoshì　hǎo　rènao　a!　Rén　zhēn　duō.

陈翔： 是　啊。卖　什么　东西　的　都　有。
　　　 Shì　a.　Mài　shénme　dōngxi　de　dōu　yǒu.

加藤： 你　看！那里　还　有　打　太极拳　的　人。
　　　 Nǐ　kàn!　Nàli　hái　yǒu　dǎ　tàijíquán　de　rén.

＊　＊　＊

陈翔： 怎么样？你　饿　了　吧。
　　　 Zěnmeyàng?　Nǐ　è　le　ba.

　　　 我们　去　吃　油条　好　吗？
　　　 Wǒmen　qù　chī　yóutiáo　hǎo　ma?

加藤： 好　啊。那边儿　的　摊床　人　少　一些。
　　　 Hǎo　a.　Nàbiānr　de　tānchuáng　rén　shǎo　yìxiē.

陈翔： 除了　油条，还　有　你　喜欢　喝　的　豆浆　呢。
　　　 Chúle　yóutiáo,　hái　yǒu　nǐ　xǐhuan　hē　de　dòujiāng　ne.

18

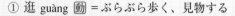

TRACK
11

語句

① 逛 guàng 動 ＝ぶらぶら歩く、見物する
② 早市 zǎoshì 名 ＝朝市
③ 好 hǎo 副 ＝ものすごく、とても
④ 热闹 rènao 形 ＝にぎやかである
⑤ 卖 mài 動 ＝売る
⑥ 东西 dōngxi 名 ＝物、品物
⑦ 油条 yóutiáo 名 ＝（小麦粉で作った棒状
　のものを油で揚げた）長揚げパン
⑧ 那边儿 nàbiānr 代

　　　　　　　　　　＝そこ、そちら、あそこ
⑨ 摊床 tānchuáng 名 ＝屋台
⑩ 少 shǎo 形 ＝少ない
⑪ 一些 yìxiē 数量 ＝少し、わずか
⑫ 除了 A，还 B chúle A, hái B
　＝A以外さらにB、AのほかにBも
⑬ 豆浆 dòujiāng 名 ＝豆乳（中国では"油条"
　などといっしょに朝食にとることが多い）

Point ポイント

1 存現文　場所詞 ＋ 動詞 ＋ 名詞（存在・出現・消失する人や事物）

人や事物の存在・出現・消失を表わす。主語の位置に場所を表わす言葉を置く。その場合、場所を表す言葉に介詞が不要である。

(1) 桌子上放着一瓶酒。（存在）　　　　Zhuōzi shang fàngzhe yì píng jiǔ.　　　★放：置く
(2) 对面开来几辆车。（出現）　　　　Duìmiàn kāilai jǐ liàng chē. ★对面：向こう　辆：台
(3) 他们学校走了很多留学生。（消失）Tāmen xuéxiào zǒule hěn duō liúxuéshēng.

2 複文 "除了A，还B" 「A以外さらにB、AのほかにBも」

(1) 除了老师，还有很多学生。　　　　Chúle lǎoshī, hái yǒu hěn duō xuésheng.
(2) 星期天除了看书，有时还去看电影。
　　Xīngqītiān chúle kàn shū, yǒushí hái qù kàn diànyǐng.　　　★有时：時には

1 本文に基づいて質問に答えましょう。

(1) 早市卖什么东西？   答 _____

(2) 陈翔他们想吃什么？   答 _____

(3) 除了油条，还有什么？   答 _____

2 下記の日本語の意味になるように、語句を並べ替えましょう。

(1) 机の上に中国語の辞書が一冊置いてあります。

　（ 词典　汉语　桌子　一本　放　上　着　。）

　_____

(2) ここは日本人留学生のほかに韓国人留学生もいます。

　（ 日本　韩国　留学生　留学生　除了　有　这儿　还　，。）

　_____

3 CD を聞いて会話内容と一致するものに○をつけましょう。

(1) 加藤的朋友没去过早市。　　　（　　）

(2) 加藤和朋友去过一次早市。　　（　　）

(3) 早市卖什么东西的都有。　　　（　　）

4 次の文を中国語に訳しましょう。

(1) 朝市はすごくにぎやかですね。

_____

(2) ほら，あそこに太極拳をやっている人もいますよ。

_____

(3) 中国語以外に私は韓国語も勉強したいです。

_____

達成度 を自己確認 We Can!

> **A** 次の（　）を埋めて日本語に訳しましょう。

(1) 星期天（　　　）学习，我还去超市打工。　　　*超市：スーパーマーケット
Xīngqītiān（　）xuéxí, wǒ hái qù chāoshì dǎgōng.

日本語訳：..

(2) 前几天妈妈去中华街买了我（　　　）的小笼包。
Qián jǐ tiān māma qù Zhōnghuájiē mǎile wǒ（　）de xiǎolóngbāo.

*前几天：先日　*小笼包：ショウロンポー

日本語訳：..

(3) 我们大学有很多留学生，除了亚洲的，（　　　）有欧美的。
Wǒmen dàxué yǒu hěn duō liúxuéshēng, chúle Yàzhōu de,（　）yǒu Ōu-Měi de.

*亚洲：アジア　*欧美：欧米

日本語訳：..

> **B** この課の中で一番覚えたい中国語を書いてみましょう。

第 5 课　动物园
Dì wǔ kè　Dòngwùyuán

🖊 陳翔さんは加藤さんを動物園に案内した。

陈翔：　加藤，　这个　　动物园　　有　　你　　喜欢　　的　　熊猫。
　　　　Jiāténg, zhèige dòngwùyuán yǒu nǐ xǐhuan de xióngmāo.

加藤：　真　的？　有　没有　海豚？
　　　　Zhēn de? Yǒu méiyǒu hǎitún?

陈翔：　有　啊。海豚　表演　可　有　意思　了。
　　　　Yǒu a. Hǎitún biǎoyǎn kě yǒu yìsi le.

＊　＊　＊

加藤：　陈　翔，　那　只　小熊猫　太　可爱　了！
　　　　Chéng Xiáng, nà zhī xiǎoxióngmāo tài kě'ài le!

陈翔：　来，我　给　你　和　熊猫　照　一　张　相片。
　　　　Lái, wǒ gěi nǐ hé xióngmāo zhào yì zhāng xiàngpiàn.

加藤：　今天　玩儿得　真　开心。我们　再　来　玩儿　吧。
　　　　Jīntiān wánrde zhēn kāixīn. Wǒmen zài lái wánr ba.

TRACK **14**

語 句

① 动物园 dòngwùyuán 名 ＝動物園
② 熊猫 xióngmāo 名 ＝パンダ
③ 小熊猫 xiǎoxióngmāo 名
　 ＝赤ちゃんパンダ
④ 真的 zhēn de ＝本当に、本当だ
⑤ 海豚 hǎitún 名 ＝イルカ
⑥ 表演 biǎoyǎn 名・動 ＝実演、出演する
⑦ 可 kě 副 ＝（感想や断定、意外など強調
　 の語気を表わす。ふつう語気助詞 "了"

　 伴う）とても、すごく
⑧ 只 zhī 量 ＝鳥・鶏・羊・虎・パンダなど
　 動物を数える量詞
⑨ 可爱 kě'ài 形 ＝かわいい
⑩ 照 zhào 動 ＝撮る
⑪ 张 zhāng 量 ＝枚
⑫ 相片 xiàngpiàn 名 ＝写真（"照片"とも言う）
⑬ 开心 kāi//xīn 形 ＝楽しい、愉快である

 ポイント

1 様態補語　動／形＋"得"＋様態補語　「〜するのが…である」

動作、行為の様態や程度を表わす。

(1) 她今天来得真早。　　Tā jīntiān láide zhēn zǎo.

(2) 小王高兴得又说又笑。　Xiǎo Wáng gāoxìngde yòu shuō yòu xiào.

　　　　　　　　★又〜又〜：〜したり、〜したりする

(3) 他说汉语说得很好。　←目的語がある場合、動詞を重複させる。
　　Tā shuō Hànyǔ shuōde hěn hǎo.
　　他的汉语说得很好。⎤
　　他汉语说得很好。　⎦　←他にこのような言い方もある。

2 副詞 "再" と "又"

いずれも「また」の意味を有するが、"再" はまだ発生していない、これからのことに使う。
"又" は既に発生したことに用いる。

(1) 有时间请再来玩儿吧。　Yǒu shíjiān qǐng zài lái wánr ba.

(2) 你怎么又买了汉语词典。　Nǐ zěnme yòu mǎile Hànyǔ cídiǎn.

1 本文に基づいて質問に答えましょう。

(1) 加藤喜欢什么动物？ 答＿＿＿＿＿＿＿＿＿＿＿＿＿＿

(2) 什么表演很有意思？ 答＿＿＿＿＿＿＿＿＿＿＿＿＿＿

(3) 加藤他们玩儿得怎么样？ 答＿＿＿＿＿＿＿＿＿＿＿＿＿＿

2 最も適当なものを選び（　　）の中に入れて日本語に訳しましょう。

会	再	跟	又

(1) 有时间我们（　　　　）去动物园玩儿吧。
　　　Yǒu shíjiān wǒmen (　　　) qù dòngwùyuán wánr ba.

日本語 ＿＿＿＿＿＿＿＿＿＿＿＿＿＿＿＿＿＿＿＿＿＿＿＿＿＿＿＿

(2) 昨天晚上他们那里（　　　　）发生了大地震。
　　　Zuótiān wǎnshang tāmen nàli (　　　) fāshēngle dà dìzhèn.

★发生：発生する、起こる　大地震：大地震

日本語 ＿＿＿＿＿＿＿＿＿＿＿＿＿＿＿＿＿＿＿＿＿＿＿＿＿＿＿＿

TRACK 15
3 CDを聞いて会話内容と一致するものに○をつけましょう。

(1) 陈翔喜欢动物，不过不喜欢熊猫。 （　　　）

(2) 陈翔不太喜欢动物，不过特别喜欢海豚。 （　　　）

(3) 陈翔海豚和熊猫都喜欢。 （　　　）

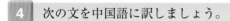

4 次の文を中国語に訳しましょう。

(1) あの赤ちゃんパンダがすごく可愛いですね。

_____

(2) さあ，あなたにパンダと一緒の写真を一枚撮ってあげましょう。

_____

(3) 子供たちは嬉しそうにしゃべったり，笑ったりしています。 ★孩子 háizi

_____

 達成度 を自己確認 We Can!

A 次の（　）を埋めて日本語に訳しましょう。

(1) 陈翔和加藤在动物园玩儿（　　　）非常开心。
Chén Xiáng hé Jiāténg zài dòngwùyuán wánr (　　) fēicháng kāixīn.

日本語訳：_____

(2) 昨天我们（　　　）去海边游泳，大家还一起唱了中国歌。
Zuótiān wǒmen (　　) qù hǎibiān yóuyǒng, dàjiā hái yìqǐ chàngle Zhōngguó gē.

日本語訳：_____

(3) 陈翔（　　　）日语说得不太好，不过英语说得很棒。 *棒：すばらしい
Chén Xiáng (　　) Rìyǔ shuōde bú tài hǎo, búguò Yīngyǔ shuōde hěn bàng.

日本語訳：_____

B この課の中で一番覚えたい中国語を書いてみましょう。

_____

第5課

中秋节
Zhōngqiūjié

TRACK **16**

もうすぐ中国の伝統的祭日、中秋の名月を迎えるので、町中で月餅が売られている。

加藤： 最近 到处 都 在 卖 月饼 啊。
Zuìjìn dàochù dōu zài mài yuèbing a.

陈翔： 快要 到 中秋节 了。旧历 八 月 十五 号。
Kuàiyào dào Zhōngqiūjié le. Jiùlì bā yuè shíwǔ hào.

加藤： 中秋节 为 什么 要 吃 月饼 呢？
Zhōngqiūjié wèi shénme yào chī yuèbing ne?

陈翔： 它 象征着 家人 团圆、幸福。
Tā xiàngzhēngzhe jiārén tuányuán、 xìngfú.

加藤： 除了 吃 月饼，还 有 别的 什么 吗？
Chúle chī yuèbing, hái yǒu biéde shénme ma?

陈翔： 晚上 全家 人 一边 吃 月饼，一边 赏月。
Wǎnshang quánjiā rén yìbiān chī yuèbing, yìbiān shǎngyuè.

語 句

① 中秋节 Zhōngqiūjié 图
　＝中秋の名月（旧暦の 8 月 15 日）

② 到处 dàochù 副 ＝至る所、あちこち

③ 月饼 yuèbing 图
　＝月餅（中秋節に食べるまるい焼き菓子）

④ 快要〜了 kuàiyào 〜 le
　＝もうすぐ〔じきに〕〜となる〔だ〕

⑤ 旧历 jiùlì 图 ＝旧暦

⑥ 它 tā 代 ＝それ、あれ

⑦ 象征 xiàngzhēng 图・動

　＝象徴（する）、シンボル

⑧ 家人 jiārén 图 ＝家族

⑨ 团圆 tuányuán 图 ＝団らん

⑩ 别的 biéde 代 ＝ほかの（もの、こと）、
　別の（もの、こと）

⑪ 全家 quánjiā 图 ＝全家族

⑫ 一边 A，一边 B yìbiān A，yìbiān B
　＝ A しながら，B する

⑬ 赏月 shǎng//yuè 動 ＝月見をする

Point ポイント

1 "快要 〜了"「もうすぐ〔じきに〕〜となる〔だ〕」

または"快〜了""要〜了"とも言う。

⑴ 快要到情人节了。　　　　Kuàiyào dào Qíngrénjié le.　　★情人节：バレンタインデー

⑵ 学校快开学了。　　　　　Xuéxiào kuài kāixué le.　　　★开学：学校が始まる

2 複文"一边 A，一边 B"（"边 A，边 B"）「A しながら，B する」

⑴ 我们边吃边谈吧。　　　　Wǒmen biān chī biān tán ba.　　★谈：話す、語る

⑵ 一边喝酒，一边观赏樱花。 Yìbiān hē jiǔ, yìbiān guānshǎng yīnghuā.

★观赏：観賞する　樱花：桜

1 本文に基づいて質問に答えましょう。

(1) 最近到处都在卖什么？ 答 _____

(2) 中秋节是旧历几月几号？ 答 _____

(3) 中秋节的晚上中国人做什么？ 答 _____

2 下記の日本語の意味になるように、語句を並べ替えましょう。

(1) あなたはなぜアメリカへ留学に行かなければならないのですか。
（ 你 呢 留学 要 为什么 美国 去 一定 ？）

_____

(2) 我が家はいつもテレビを見ながら，晩ご飯を食べます。
（ 我们 一边 一边 电视 晚饭 看 家 吃 总是 ， 。）

_____

TRACK 18 **3** CD を聞いて会話内容と一致するものに○をつけましょう。

(1) 陈翔很想去日本看樱花。 （ ）

(2) 陈翔没看过日本的樱花。 （ ）

(3) 陈翔在日本一边喝酒，一边观赏樱花。 （ ）

4 次の文を中国語に訳しましょう。

(1) もうすぐ中秋の名月になります。

_____

(2) それは家族の団らんと幸せを象徴しています。

_____

(3) 夜，家族そろって月餅を食べながら月見をします。

_____

 達成度を自己確認 We Can!

A 次の（　）を埋めて日本語に訳しましょう。

(1) （　　　）考试了，同学们都在努力复习。
（　）kǎoshì le, tóngxuémen dōu zài nǔlì fùxí.　　*考试：試験(をする)　*努力：努力する、励む

日本語訳：_____

(2) 我喜欢（　　　）听音乐，（　　　）看书。
Wǒ xǐhuan（　）tīng yīnyuè,（　）kàn shū.

日本語訳：_____

(3) 中秋节是中国的传统节日，人们（　　　）吃月饼，（　　　）赏月。
Zhōngqiūjié shì Zhōngguó de chuántǒng jiérì, rénmen（　）chī yuèbing,（　）shǎngyuè.

*传统节日：(伝統的な)祭日、祝日　*人们：人々

日本語訳：_____

B この課の中で一番覚えたい中国語を書いてみましょう。

```



```

第 **7** 课　　国庆节

第 **7** 课
Dì qī kè

国庆节
Guóqìngjié

TRACK 19 🖊 加藤さんは国慶節の大型連休で雲南へ旅行に行きたいと陈翔さんに話している。

陈翔：
加藤，国庆 黄金周，你 准备 做 什么？
Jiāténg, Guóqìng huángjīnzhōu, nǐ zhǔnbèi zuò shénme?

加藤：
我 很 想 去 云南 旅游。
Wǒ hěn xiǎng qù Yúnnán lǚyóu.

陈翔：
因为 放 七 天 假，所以 去 旅游 的 人
Yīnwèi fàng qī tiān jià, suǒyǐ qù lǚyóu de rén

很 多。
hěn duō.

加藤：
旅馆 不 好 订 吗？
Lǚguǎn bù hǎo dìng ma?

陈翔：
不仅 如此，现在 可能 已经 买不到 机票 了。
Bùjǐn rúcǐ, Xiànzài kěnéng yǐjīng mǎibudào jīpiào le.

加藤：
那 怎么 办 呢？能 不 能 想想 办法 啊。
Nà zěnme bàn ne? Néng bu néng xiǎngxiang bànfǎ a.

30

語　句

① 国庆节 Guóqìngjié 图 ＝国慶節、建国記念日（法律では３日間の休みだが、近年は前後の土日を利用し、一週間の大型連休にする。）

② 黄金周 huángjīnzhōu 图
＝ゴールデンウィーク

③ 准备 zhǔnbèi 動
＝～するつもりだ、～する予定だ

④ 云南 Yúnnán 图 ＝雲南（省都の昆明は年中春の如く気候温暖なので "春城 Chūnchéng" と呼ばれている）

⑤ 因为Ａ，所以Ｂ yīnwèi A, suǒyǐ B

＝Ａなので，Ｂだ

⑥ 放假 fàng//jià 動 ＝休みになる

⑦ 旅馆 lǚguǎn 图 ＝旅館、宿屋

⑧ 好订 hǎo dìng
＝予約しやすい、注文しやすい

⑨ 不仅如此 bùjǐn rúcǐ
＝そればかりではなく、その上

⑩ 可能 kěnéng 副 ＝～かもしれない

⑪ 已经 yǐjīng 副 ＝もう、既に

⑫ 机票 jīpiào 图 ＝航空券

⑬ 怎么办 zěnme bàn ＝どうしよう

⑭ 办法 bànfǎ 图 ＝方法、手段

ポイント

1 **複文 "因为Ａ，所以Ｂ"**　「Ａなので，Ｂだ」

"因为"、"所以" どちらか一方を省略することができる。

⑴ 因为电车晚点，所以我迟到了。　Yīnwèi diànchē wǎndiǎn, suǒyǐ wǒ chídào le.

★晚点：延着する　迟到：遅刻する

⑵ 天气不好，所以不能去。　Tiānqì bù hǎo, suǒyǐ bù néng qù.　★天气：天気

2 **可能補語⑴　動詞＋得（不）＋結果補語（方向補語）**　「～することができる（できない）、～しきれる（しきれない）」

可能補語は、ある動作の実現が可能か、不可能かを表わす。

⑴ 不要紧，现在还买得到。　Bú yàojǐn, xiànzài hái mǎidedào.

⑵ 外面下大雨呢，你出不去。　Wàimiàn xià dàyǔ ne, nǐ chūbuqù.

★外面：外　出：（内から外へ）出る

1 本文に基づいて質問に答えましょう。

(1) 国庆节加藤准备做什么？　　答 _____

(2) 国庆节为什么去旅游的人很多？答 _____

(3) 国庆节旅馆好订吗？　　　　答 _____

2 下記の日本語の意味になるように、語句を並べ替えましょう。

(1) 七日間の休みがあるので，旅行に行く人が多いのです。
（ 假　因为　七天　放　很多　所以　去　的　人　旅游　，　。）

_____

(2) これらの品物は全部値段がたいへん高くて，私には買えません。
（ 东西　都　贵　这些　太　了　我　买不起　，　。）

★买不起 mǎibuqǐ：買えない

_____

TRACK 21

3 CDを聞いて会話内容と一致するものに○をつけましょう。

(1) 国庆节小王想去日本旅游。　　　　　（　　）

(2) 小王想去旅游，不过他没有钱。　　　（　　）

(3) 小王非常想去旅游，不过不想去美国。（　　）

4 次の文を中国語に訳しましょう。

(1) それじゃ，どうしましょうか。

_____

(2) 何とかなりませんか。

_____

(3) 今では，飛行機のチケットがもう買えないかもしれません。

_____

第 7 课

達成度を自己確認 We Can!

A 次の（　　）を埋めて日本語に訳しましょう。

(1) 因为发高烧，（　　　　）加藤今天没来上课。　　　　*发高烧：高熱が出る
Yīnwèi fā gāoshāo, (　　) Jiāténg jīntiān méi lái shàngkè.

日本語訳：_____

(2) 现在还买（　　　）到火车票吗？➡ 可能已经买（　　　　）到了。
Xiànzài hái mǎi (　　) dào huǒchēpiào ma? ➡ Kěnéng yǐjīng mǎi (　　) dào le.
　　　　　　　　　　　　　　　　　　　　　　　*火车票：汽車のチケット

日本語訳：_____

(3) 春节的时候，（　　　　）很多人都回老家，所以机票不好买。
Chūnjié de shíhou, (　　) hěn duō rén dōu huí lǎojiā, suǒyǐ jīpiào bù hǎo mǎi.
　　　　　　　　　　　　　　　　　　　*春节：旧正月　*老家：生家、故郷

日本語訳：_____

B この課の中で一番覚えたい中国語を書いてみましょう。

_____

TRACK
22　加藤さんと陳翔さんは京劇鑑賞のため連れ立って劇場にやってきた。

加藤：啊，　铃　　响　　了。马上　要　开演　了。
　　　Ā,　líng　xiǎng　le.　Mǎshàng　yào　kāiyǎn　le.

陈翔：快　找　座位　吧。二十二　和　二十四　号。
　　　Kuài　zhǎo　zuòwèi　ba.　Èrshi'èr　hé　èrshisì　hào.

＊　＊　＊

加藤：没　想到　京剧　的　服装　这么　华丽。
　　　Méi　xiǎngdào　jīngjù　de　fúzhuāng　zhème　huálì.

陈翔：很　像　日本　的　歌舞伎　吧。
　　　Hěn　xiàng　Rìběn　de　gēwǔjì　ba.

加藤：真　遗憾，他们　说　的　和　唱　的，我　都　听不懂。
　　　Zhēn　yíhàn,　tāmen　shuō　de　hé　chàng　de,　wǒ　dōu　tīngbudǒng.

陈翔：我　也　一样。我们　看看　字幕　吧。
　　　Wǒ　yě　yíyàng.　Wǒmen　kànkan　zìmù　ba.

語 句

① 京剧 jīngjù 名

  =京劇（中国の代表的な伝統劇の一種）

② 铃 líng 名 =ベル

③ 响 xiǎng 動 =鳴る

④ 马上 mǎshàng 副 =すぐ、直ちに

⑤ 开演 kāiyǎn 動 =開演する

⑥ 找 zhǎo 動 =探す

⑦ 座位 zuòwèi 名 =座席、席

⑧ 想到 xiǎng//dào 動

  =思いつく、予想する

⑨ 服装 fúzhuāng 名 =服装

⑩ 华丽 huálì 形

  =華麗である、華やかで美しい

⑪ 像 xiàng 動 =似ている、～みたいだ

⑫ 歌舞伎 gēwǔjì 名 =歌舞伎

⑬ 遗憾 yíhàn 形 =遺憾である、残念である

⑭ 一样 yíyàng 形 =同じである

⑮ 字幕 zìmù 名 =字幕

第8課

Point ポイント

1 "没想到～" 「～とは思わなかった」

  ⑴ 没想到这里的物价这么便宜。 Méi xiǎngdào zhèli de wùjià zhème piányi.

             ★物价：物価　这么：こんなに（も）

  ⑵ 真没想到他们不守信用。 Zhēn méi xiǎngdào tāmen bù shǒu xìnyòng.

             ★守信用：約束を守る

2 動詞 "像" 「似ている、～みたいだ」

  ⑴ 这孩子像他爸爸。 Zhè háizi xiàng tā bàba.

  ⑵ 他一点儿也不像欧洲人。 Tā yìdiǎnr yě bú xiàng Ōuzhōu rén. ★一点儿也：少しも

1 本文に基づいて質問に答えましょう。

(1) 加藤和陈翔的座位是多少号？　答 _____

(2) 加藤没想到什么？　答 _____

(3) 陈翔说中国的京剧很像什么？　答 _____

2 下記の日本語の意味になるように、語句を並べ替えましょう。

(1) 本当に残念ですが，私は彼らのセリフや歌が全然分かりません。

（ 他们　我　遗憾　和　真　说　唱　的　的　不　听　都　懂　，　，　。 ）

_____

(2) ここの天気がこんなに寒いとは全く思いもよりませんでした。

（ 冷　真　这里　想到　这么　的　天气　没　。 ）　　★冷 lěng：寒い

_____

3 CD を聞いて会話内容と一致するものに○をつけましょう。

(1) 加藤看过一次京剧，听懂了一点儿。　（　　）

(2) 加藤看过一次京剧，她没听懂。　（　　）

(3) 加藤看过一次京剧，很有意思。　（　　）

4 次の文を中国語に訳しましょう。

(1) あ，ベルが鳴った。もうすぐ開演ですね。

_____

(2) 京劇の衣裳がこんなにゴージャスだったとは思いもよりませんでした。

_____

(3) 私も同じです。聞いても全く分かりません。（"一点儿也"を用いる）

_____

達成度を自己確認 We Can!

A 次の（　）を埋めて日本語に訳しましょう。

(1) 陈翔说中国的京剧很（　　　）日本的歌舞伎。
　　 Chén Xiáng shuō Zhōngguó de jīngjù hěn（　）Rìběn de gēwǔjì.

　　 日本語訳：..

(2) 真（　　　）这次期末考试这么难，我可能不及格。　*及格：合格する
　　 Zhēn（　）zhè cì qīmò kǎoshì zhème nán, wǒ kěnéng bù jígé.

　　 日本語訳：..

(3) 姥姥说我很（　　　）妈妈，比妈妈还漂亮。　*姥姥：外祖母　*漂亮：綺麗である
　　 Lǎolao shuō wǒ hěn（　）māma, bǐ māma hái piàoliang.

　　 日本語訳：..

B この課の中で一番覚えたい中国語を書いてみましょう。

_____

TRACK
25

加藤さんは初めて大学の図書館に本を借りに行った。

加藤：
対不起， 我 想 借 汉语 语法 书。
Duìbuqǐ, wǒ xiǎng jiè Hànyǔ yǔfǎ shū.

图书馆A：
你 有 借书证 吗？
Nǐ yǒu jièshūzhèng ma?

加藤：
有。前 几 天 刚刚 办 的。
Yǒu. Qián jǐ tiān gānggāng bàn de.

图书馆A：
你 会 用 电脑 检索 吗？
Nǐ huì yòng diànnǎo jiǎnsuǒ ma?

加藤：
会 一点儿。 输入 关键词 就 可以 吧？
Huì yìdiǎnr. Shūrù guānjiàncí jiù kěyǐ ba?

图书馆A：
对。 一 输入 关键词， 有 关连 的 书名 就
Duì. Yì shūrù guānjiàncí, yǒu guānlián de shūmíng jiù

出来 了。
chūlai le.

38

TRACK **26**

語 句

① 借 jiè 動 ＝借りる、貸す
② 对不起 duìbuqǐ 動 ＝すみません
③ 语法 yǔfǎ 名 ＝文法
④ 图书馆 túshūguǎn 名 ＝図書館
⑤ 借书证 jièshūzhèng 名
　＝図書貸し出し証、図書館カード
⑥ 前几天 qián jǐ tiān ＝先日
⑦ 刚刚 gānggāng 副
　＝～したばかり、ちょうど

⑧ 电脑 diànnǎo 名 ＝コンピュータ
⑨ 检索 jiǎnsuǒ 動 ＝検索する
⑩ 输入 shūrù 動 ＝入力する
⑪ 关键词 guānjiàncí 名 ＝キーワード
⑫ 关连 guānlián 動・名
　＝関連（する）、つながり（がある）
⑬ 书名 shūmíng 名 ＝書名
⑭ 出来 chū//lai 動 ＝出てくる

ポイント

1 副詞 "刚刚" 「ちょうど、～したばかり」

"刚"だけでも用いられる。

⑴ 我爸爸刚刚上班去了。　　Wǒ bàba gānggāng shàngbānqu le.　　★上班：出勤する

⑵ 我们刚下课。　　Wǒmen gāng xiàkè.　　★下课：授業が終わる

⑶ 老王刚从北京回来。　　Lǎo Wáng gāng cóng Běijīng huílai.

2 複文 "一 A，就 B" 「Aすると，（すぐに）Bだ（なる）」

⑴ 我弟弟一回家，就看电视。　　Wǒ dìdi yì huí jiā, jiù kàn diànshì.

⑵ 他一去外国旅游，就买很多礼物。　　Tā yí qù wàiguó lǚyóu, jiù mǎi hěn duō lǐwù.

★礼物：贈り物、おみやげ

---

1 本文に基づいて質問に答えましょう。

(1) 加藤想借什么书？　　　　　答 _____

(2) 加藤的借书证是什么时候办的？　答 _____

(3) 加藤会用电脑检索吗？　　　答 _____

---

2 下記の日本語の意味になるように、語句を並べ替えましょう。

(1) 父は日曜日になると，ゴルフに行きます。
（ 高尔夫球　爸爸　一　打　到　我　就　星期天　去　，　。）

★高尔夫球 gāo'ěrfūqiú：ゴルフ

_____

(2) キーワードを入力すれば，関連のある書名が出てきます。
（ 输入　书名　关键词　一　有　就　的　关连　出来　了　，　。）

_____

TRACK 27

3 CD を聞いて会話内容と一致するものに○をつけましょう。

(1) 陈翔去学校图书馆看两本汉语书。　　（　　）

(2) 陈翔去学校图书馆借两本英语书。　　（　　）

(3) 陈翔去学校图书馆借两本汉语书。　　（　　）

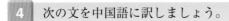

4 次の文を中国語に訳しましょう。

(1) すみません，中国語の文法の本を借りたいのですが。

_____

(2) 私は学校から帰ったばかりです。

_____

(3) 彼は勉強すると，すぐに眠くなってしまう。 ★困 kùn：眠い

_____

A 次の（　）を埋めて日本語に訳しましょう。

(1) 我爸爸（　　　）从北京回来，又要去上海出差。 ＊出差：出張する
    Wǒ bàba（　）cóng Běijīng huílai, yòu yào qù Shànghǎi chūchāi.

日本語訳：_____

(2) 一到暑假，妈妈（　　　）带我去姥姥家玩儿。 ＊暑假：夏休み ＊带：引き連れる
    Yí dào shǔjià, māma（　）dài wǒ qù lǎolao jiā wánr.

日本語訳：_____

(3) （　　　）下课，他就去参加社团活动了。 ＊社团活动：部活動
    （　）xiàkè, tā jiù qù cānjiā shètuán huódòng le.

日本語訳：_____

B この課の中で一番覚えたい中国語を書いてみましょう。

_____

TRACK
28　加藤さんは陳翔さんが日本語を勉強するのを手伝ってもいいと話している。

加藤：
陈　翔，我　觉得　你　的　日语　说得　不　太　流利。
Chén Xiáng, wǒ juéde nǐ de Rìyǔ shuōde bú tài liúlì.

陈翔：
可　不　是　吗。平时　说　日语　的　机会　很　少。
Kě bú shì ma. Píngshí shuō Rìyǔ de jīhuì hěn shǎo.

加藤：
以后　星期六　我　帮　你　学习　日语　吧。
Yǐhòu xīngqīliù wǒ bāng nǐ xuéxí Rìyǔ ba.

陈翔：
你　那么　忙，我　不　好意思　占用　你　的　时间。
Nǐ nàme máng, wǒ bù hǎoyìsi zhànyòng nǐ de shíjiān.

加藤：
别　客气，我们　互相　帮助。
Bié kèqi, wǒmen hùxiāng bāngzhù.

陈翔：
那　太　感谢　你　了。请　多　指教。
Nà tài gǎnxiè nǐ le. Qǐng duō zhǐjiào.

語 句	
① 覚得 juéde 動 ＝〜と感じる、〜と思う	⑨ 好意思 hǎoyìsi 動 ＝平気で、恥ずかしく
② 流利 liúlì 形 ＝流暢である	なく、おめおめと（不好意思：恥ずかしい、
③ 可不是吗 kě bú shì ma	申しわけない）
＝まったくその通りです	⑩ 占用 zhànyòng 動
④ 平时 píngshí 名 ＝ふだん	＝占用する、占有して使用する
⑤ 以后 yǐhòu 名 ＝以後、これから	⑪ 互相 hùxiāng 副 ＝お互いに、相互に
⑥ 机会 jīhuì 名 ＝機会、チャンス	⑫ 帮助 bāngzhù 動 ＝助ける、援助する
⑦ 帮 bāng 動 ＝助ける、手伝う	⑬ 感谢 gǎnxiè 動 ＝感謝する
⑧ 那么 nàme 代 ＝あんなに、そんなに	⑭ 指教 zhǐjiào 動 ＝指導する、教示する

1 動詞"覚得"「〜と感じる、〜と思う、〜のような気がする」

(1) 我觉得这个菜有点儿油腻。　　Wǒ juéde zhèige cài yǒudiǎnr yóunì.

★油腻：脂っこい

(2) 他不觉得自己的做法不好。　　Tā bù juéde zìjǐ de zuòfǎ bù hǎo.

★自己：自分　做法：やりかた

2 指示代名詞"那么"「あんなに、そんなに」などの意味を表わす。

(1) 你那么喜欢听音乐吗？　　Nǐ nàme xǐhuan tīng yīnyuè ma?

(2) 这个问题没那么简单。　　Zhèige wèntí méi nàme jiǎndān.　　★简单：簡単である

1 本文に基づいて質問に答えましょう。

(1) 加藤觉得陈翔的日语说得怎么样？ 答 _____

(2) 加藤说以后星期六做什么？ 答 _____

(3) 最后陈翔说什么了？ 答 _____

2 下記の日本語の意味になるように、語句を並べ替えましょう。

(1) 私はこのやりかたはあまりよくないと思います。
　　（ 觉得　我　好　太　这个　不　做法　。 ）

　　_____

(2) 彼はあんなに忙しいので，彼の時間を取ってしまうのは申し訳ない。
　　（ 他　他　我　好意思　那么　时间　忙　的　不　占用　，　。 ）

　　_____

TRACK
30 **3** CD を聞いて会話内容と一致するものに○をつけましょう。

(1) 加藤汉语说得很流利。 （　　）

(2) 加藤韩国语说得很流利。 （　　）

(3) 加藤的英语也很好。 （　　）

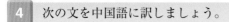

4 次の文を中国語に訳しましょう。

(1) 私はふだん中国語を話す機会が少ないです。

_____

(2) 私たちはお互いに助け合いましょう。

_____

(3) これから毎週の木曜日、あなたの日本語の勉強をお手伝いしましょう。

★每周 měi zhōu：毎週

_____

第
10
課

達成度 を自己確認 *We Can!*

A 次の（　）を埋めて日本語に訳しましょう。

(1) 我（　　　）这个提案非常好，可以采用。　　　　*采用：採用する
　　Wǒ（　）zhège tí'àn fēicháng hǎo, kěyǐ cǎiyòng.

日本語訳： ....

(2) 这个课题没（　　　）简单，我们首先要做好调查。　　*课题：テーマ、課題
　　Zhège kètí méi（　）jiǎndān, wǒmen shǒuxiān yào zuòhǎo diàochá.　　*首先：まず初めに

日本語訳： ....

(3) 大家都说今天很热，不过我一点儿也不（　　　）。　　　*热：暑い
　　Dàjiā dōu shuō jīntiān hěn rè, búguò wǒ yìdiǎnr yě bù（　）.

日本語訳： ....

B この課の中で一番覚えたい中国語を書いてみましょう。

```

```

TRACK 31   旅先で陳翔さんと加藤さんはホテルを探している。

陈翔： 这 是 一 家 三星级 宾馆，我们 进去 问问。
Zhè shì yì jiā sānxīngjí bīnguǎn, wǒmen jìnqu wènwen.

*   *   *

加藤： 请 问， 有 单人房 吗？
Qǐng wèn, yǒu dānrénfáng ma?

服务员： 你们 来得 真 巧，刚 空出来 两 个 房间。
Nǐmen láide zhēn qiǎo, gāng kòngchūlai liǎng ge fángjiān.

加藤： 一 宿 多少 钱？
Yì xiǔ duōshao qián?

服务员： 这 两 个 房间 都 是 特价，一 宿 三百
Zhè liǎng ge fángjiān dōu shì tèjià, yì xiǔ sānbǎi

二十 块。
èrshí kuài.

陈翔： 好，就 要 这 两 个 单人房。我们 住 三 宿。
Hǎo, jiù yào zhè liǎng ge dānrénfáng. Wǒmen zhù sān xiǔ.

46

① 家 jiā 量 ＝（商店や企業などを数える）〜軒	⑥ 服務員 fúwùyuán 名＝（ホテルやレストランの）従業員、ウェーター、ウェートレス
② 三星級 sānxīngjí 名＝三つ星 （高級なホテルやレストランのランク）	⑦ 巧 qiǎo 形＝ちょうどうまい具合に、折よく、巧みである
③ 賓館 bīnguǎn 名＝（高級な）ホテル（一般庶民向けのホテルは"旅館"（第7課）"旅店"といった言葉がある）	⑧ 空 kòng 動＝空く、空ける
	⑨ 〜出来 chūlai ＝（複合方向補語）〜出てくる
④ 進 jìn 動＝入る	⑩ 特价 tèjià 名＝特価、割り引き値段
⑤ 単人房 dānrénfáng 名＝シングルルーム（ツインルームは"双人房"shuāngrénfáng）	⑪ 宿 xiǔ 量＝泊
	⑫ 要 yào 動＝要る、もらう、下さい
	⑬ 住 zhù 動＝宿泊する、住む

ポイント

1 量詞 "〜宿" 「〜泊、〜晩」

また "〜个晩上" "〜天" といった言い方もある。

(1) 双人房一宿多少钱？　　　Shuāngrénfáng yì xiǔ duōshao qián?

(2) 住两个晩上多少钱？　　　Zhù liǎng ge wǎnshang duōshao qián?　　　★两个晩上：二泊

2 複合方向補語 "〜出来" （内から外へ出てくることを表す）「〜出てくる」

また、大多数の複合方向補語には派生的用法（派生義）があり、動作の完成や実現などを表わす。

(1) 快拿出来提包里的礼物。　　　（内から外へ）
　　　Kuài náchūlai tíbāo li de lǐwù.　　　★提包：鞄

(2) 李老师走出教室来了。　　←場所を表わす目的語は複合方向補語の間に置く。
　　　Lǐ lǎoshī zǒuchū jiàoshì lai le.

(3) 他们研究出来新的化妆品。　←派生義（無から有への転化）
　　　Tāmen yánjiūchūlai xīn de huàzhuāngpǐn.　　　★化妆品：化粧品

　　　※目的語が場所以外の普通名詞の場合、その置かれる位置は複合方向補語の間でも後でも構わない。例えば、
　　　　他们研究出来新的化妆品。＝　他们研究出新的化妆品来。

1 本文に基づいて質問に答えましょう。

(1) 陈翔和加藤去的宾馆是几星级？　答 _____

(2) 刚空出来的房间是双人房吗？　答 _____

(3) 陈翔他们要住的房间一宿多少钱？答 _____

2 下記の日本語の意味になるように、語句を並べ替えましょう。

(1) この会社は新しい製品を開発しました。　　★开发 kāifā：開発する

（　产品　这　新　出来　家　的　公司　开发　。　）　　★产品 chǎnpǐn：製品

_____

(2) 母は1時間で私にシャツを一枚作りあげてくれました。　★衬衣 chènyī：シャツ

（　妈妈　我　一个小时　一件　出来　衬衣　就　给　做　。　）

_____

TRACK 33

3 CD を聞いて会話内容と一致するものに○をつけましょう。

(1) 双人房一宿九百五十块，他们住两宿。　　（　　　）

(2) 双人房一宿八百五十块，他们住两宿。　　（　　　）

(3) 单人房一宿八百五十块，他们住两宿。　　（　　　）

4 次の文を中国語に訳しましょう。

(1) 私たちは中に入ってちょっと聞いてみましょう。

_____

(2) お尋ねしますが，シングルルームありますか。

_____

(3) 私たちはこのツインルームでお願いします。

_____

達成度を自己確認 We Can!

A 次の（ ）を埋めて日本語に訳しましょう。

(1) 请问，有套房吗？ ➡ 有，您（　　　）几宿？
Qǐngwèn, yǒu tàofáng ma? ➡ Yǒu, nín (　) jǐ xiǔ?
*套房：スイートルーム

日本語訳：_____

(2) 我哥哥的公司开发（　　　）一种新的减肥食品。
Wǒ gēge de gōngsī kāifā (　) yì zhǒng xīn de jiǎnféi shípǐn.
*减肥食品：ダイエット食品

日本語訳：_____

(3) 这家商店真漂亮，我们进（　　　）逛逛吧。
Zhè jiā shāngdiàn zhēn piàoliang, wǒmen jìn (　) guàngguang ba.
*逛：ぶらぶら歩く、見物する

日本語訳：_____

B この課の中で一番覚えたい中国語を書いてみましょう。

_____
_____

中国では端午の節句の朝、早起きして郊外に菖蒲などを採りに行く習慣がある。

陈翔： 加藤，明天 是 端午节，你 知道 吗？
Jiāténg, míngtiān shì Duānwǔjié, nǐ zhīdao ma?

加藤： 知道。朋友 约 我 一起 去 郊外 玩儿 呢。
Zhīdao. Péngyou yuē wǒ yìqǐ qù jiāowài wánr ne.

陈翔： 是 到 郊外 采 菖蒲 等 花草。
Shì dào jiāowài cǎi chāngpú děng huācǎo.

加藤： 虽然 要 起 大 早，但是 我 一定 去。
Suīrán yào qǐ dà zǎo, dànshì wǒ yídìng qù.

陈翔： 回来 以后 还 要 吃 粽子 什么的。
Huílai yǐhòu hái yào chī zòngzi shénmede.

加藤： 听说 南方 还 有 划 龙舟 的 习惯。
Tīngshuō nánfāng hái yǒu huá lóngzhōu de xíguàn.

```
語 句
① 端午节 Duānwǔjié 名                    ＝Aではあるけれども，Bだ
   ＝端午の節句(旧暦5月5日)        ⑩ 起大早 qǐ dà zǎo ＝早起きする
② 知道 zhīdao 動 ＝知っている、分かる   ⑪ 粽子 zòngzi 名 ＝ちまき
③ 约 yuē 動 ＝誘う、約束する          ⑫ 什么的 shénmede 助 ＝などなど、〜とか、
④ 郊外 jiāowài 名 ＝郊外                  といったようなもの
⑤ 采 cǎi 動 ＝採る                     ⑬ 划 huá 動 ＝漕ぐ
⑥ 菖蒲 chāngpú 名 ＝菖蒲             ⑭ 龙舟 lóngzhōu 名
⑦ 等 děng 動 ＝など                      ＝ドラゴンカヌー、竜の形に飾った船
⑧ 花草 huācǎo 名 ＝草花             ⑮ 习惯 xíguàn 名・動 ＝習慣、〜になれる
⑨ 虽然A，但是B suīránA, dànshìB
```

 ポイント

1 複文 "虽然A，但是B" 「Aではあるけれども，Bだ」

"但是"の他に"可是"なども用いることができる。

(1) 虽然她很有钱，可是非常吝啬。　　Suīrán tā hěn yǒu qián, kěshì fēicháng lìnsè.

★吝啬：けちけちしている

(2) 虽然他学了汉语，但是一点儿也不会说。

Suīrán tā xuéle Hànyǔ, dànshì yìdiǎnr yě bú huì shuō.

2 助詞 "什么的" 「などなど、〜とか、といったようなもの」

一つ、または列挙された幾つかの事柄の後につけ、そのたぐいのものを表わす。

(1) 我喜欢吃蔬菜什么的。　　Wǒ xǐhuan chī shūcài shénmede.　　★蔬菜：野菜

(2) 星期天我在家常看录像什么的。　　Xīngqītiān wǒ zài jiā cháng kàn lùxiàng shénmede.

★常：よく、常に　录像：ビデオ

1 本文に基づいて質問に答えましょう。

(1) 在中国端午节的早上到郊外做什么？ 答 _____

(2) 从郊外回来以后要吃什么？ 答 _____

(3) 南方还有什么习惯？ 答 _____

2 最も適当なものを選び（　　）の中に入れて日本語に訳しましょう。

> 跟　会　刚　再　又　的

(1) 别等了，小王不（　　）来（　　）。
Bié děng le, Xiǎo Wáng bú (　　) lái (　　).

日本語 _____

(2) 我们班昨天（　　）来了一个留学生，今天（　　）来了一个。 ★班：クラス
Wǒmen bān zuótiān (　　) láile yí ge liúxuéshēng, jīntiān (　　) láile yí ge.

日本語 _____

3 CD を聞いて会話内容と一致するものに○をつけましょう。

(1) 端午节陈翔他们骑自行车去郊外玩儿。 （　　）

(2) 端午节陈翔一个人骑自行车去郊外玩儿。 （　　）

(3) 端午节陈翔他们开车去郊外玩儿。 （　　）

4 次の文を中国語に訳しましょう。

(1) 明日は端午の節句だってこと，知っていた？

_____

(2) 友達から一緒に郊外へ遊びに行こうと誘われた。

_____

(3) 朝早く起きなければならないけど，私はどうしても行きたい。

_____

達成度 を自己確認 We Can!

A 次の（　）を埋めて日本語に訳しましょう。

(1) 一到端午节，奶奶就给我们做粽子（　　　），非常好吃。　　*奶奶：祖母
Yí dào Duānwǔjié, nǎinai jiù gěi wǒmen zuò zòngzi（　）, fēicháng hǎochī.

日本語訳：...

(2) 虽然他很聪明，（　　　）学习成绩不太好。　　*聪明：聪明である
Suīrán tā hěn cōngming, （　） xuéxí chéngjì bú tài hǎo.

日本語訳：...

(3) （　　　）爸爸工作很忙，但是每天一定要看报纸。　　*报纸：新聞
（　）bàba gōngzuò hěn máng, dànshì měi tiān yídìng yào kàn bàozhǐ.

日本語訳：...

B この課の中で一番覚えたい中国語を書いてみましょう。

_____

TRACK 37

夏休み、加藤さんたち留学生は泰山へ日の出を見に行く予定だ。

加藤：陈　翔，这个　暑假　你　打算　做　什么？
　　　Chén Xiáng, zhèige shǔjià nǐ dǎsuàn zuò shénme?

陈翔：打工、写　毕业　论文。你　呢？
　　　Dǎgōng, xiě bìyè lùnwén. Nǐ ne?

加藤：我　和　几　个　朋友　打算　去　泰山　看　日出。
　　　Wǒ hé jǐ ge péngyou dǎsuàn qù Tài Shān kàn rìchū.

陈翔：你们　打算　怎么　去　呢？
　　　Nǐmen dǎsuàn zěnme qù ne?

加藤：坐　火车　去，可以　看看　沿途　的　景色。
　　　Zuò huǒchē qù, kěyǐ kànkan yántú de jǐngsè.

陈翔：早上　山顶　很　冷，即使　是　夏天　也　要　穿
　　　Zǎoshang shāndǐng hěn lěng, jíshǐ shì xiàtiān yě yào chuān

大衣。
dàyī.

54

語 句

① 日出 rìchū 名＝日の出

② 暑假 shǔjià 名＝夏休み

③ 打算 dǎsuàn 動
＝〜するつもりだ、〜する予定である

④ 打工 dǎ//gōng 動＝アルバイトをする

⑤ 毕业 bì//yè 名・動＝卒業（する）

⑥ 泰山 Tài Shān 名＝泰山（山東省にある中
国の名山。標高1524メートル。古代の天子が
重大な儀式を行い、天を祭る所でもあった。）

⑦ 火车 huǒchē 名＝汽車

⑧ 沿途 yántú 名＝沿道、道中

⑨ 景色 jǐngsè 名＝景色

⑩ 山顶 shāndǐng 名＝山頂

⑪ 即使 A，也 B jíshǐ A, yě B＝たとえ A
だとしても B、仮に A であっても B だ

⑫ 夏天 xiàtiān 名＝夏

⑬ 穿 chuān 動＝着る、はく

⑭ 大衣 dàyī 名＝オーバーコート

TRACK **38**

第13課

Point ポイント

1 動詞"打算" 「〜するつもりだ、〜する予定である」

(1) 星期天你打算做什么？　Xīngqītiān nǐ dǎsuàn zuò shénme?

(2) 他们打算在大礼堂演剧。　Tāmen dǎsuàn zài dàlǐtáng yǎnjù.

★大礼堂：大ホール　演剧：演劇をする

2 複文"即使A，也B" 「たとえAだとしてもB、仮にAであってもBだ」

(1) 即使下大雨，我们也要去。　Jíshǐ xià dàyǔ, wǒmen yě yào qù.

(2) 即使是假日，他们也营业。　Jíshǐ shì jiàrì, tāmen yě yíngyè.

★假日：休日　营业：営業する

1 本文に基づいて質問に答えましょう。

(1) 暑假陈翔打算做什么？　　　答＿＿＿＿＿＿＿＿＿＿＿＿＿＿＿＿＿

(2) 加藤他们打算去哪儿？　　　答＿＿＿＿＿＿＿＿＿＿＿＿＿＿＿＿＿

(3) 加藤他们为什么要坐火车去泰山？答＿＿＿＿＿＿＿＿＿＿＿＿＿＿＿

2 下記の日本語の意味になるように、語句を並べ替えましょう。

(1) 私たちは汽車で泰山へ旅行に行くつもりです。
（　我们　泰山　旅游　去　火车　打算　坐　。　）

＿＿＿＿＿＿＿＿＿＿＿＿＿＿＿＿＿＿＿＿＿＿＿＿＿＿＿

(2) 朝，山頂は寒く，夏でもコートを着なければならないくらいです。
（　夏天　很冷　早上　即使　山顶　是　大衣　穿　也　要　，　。　）

＿＿＿＿＿＿＿＿＿＿＿＿＿＿＿＿＿＿＿＿＿＿＿＿＿＿＿

TRACK 39 **3** CD を聞いて会話内容と一致するものに○をつけましょう。

(1) 陈翔在泰山山顶住了一宿。　　　　（　　　）

(2) 陈翔和朋友一起去了泰山。　　　　（　　　）

(3) 陈翔的爸爸、妈妈去过泰山。　　　（　　　）

4 次の文を中国語に訳しましょう。

(1) この夏休み，何をする予定ですか。

_____

(2) 私の故郷はたとえ冬でも寒くありません。　　★冬天 dōngtiān：冬　故乡 gùxiāng：故郷

_____

(3) たとえ危険であろうとも，私は行きたい。　　★危险 wēixiǎn：危険、危ない

_____

達成度を自己確認 We Can!

Ⓐ 次の（　）を埋めて日本語に訳しましょう。

(1) 今晚即使加班，我们（　　　）一定要做完工作。　　*加班：残業する
Jīnwǎn jíshǐ jiābān, wǒmen（　）yídìng yào zuòwán gōngzuò.

日本語訳：_____

(2) 元旦我们全家人（　　　）去夏威夷过年。　　*夏威夷：ハワイ
Yuándàn wǒmen quánjiā rén（　）qù Xiàwēiyí guònián.　　*过年：年越しする

日本語訳：_____

(3) （　　　）爸爸、妈妈都反对，我也想去。
（　）bàba、māma dōu fǎnduì, wǒ yě xiǎng qù.

日本語訳：_____

Ⓑ この課の中で一番覚えたい中国語を書いてみましょう。

```



```

57

TRACK **40**

ボランティア活動をしている陳翔さんは加藤さんに興味があるかと誘う。

陈翔：加藤，下周　的　星期五　你　有　时间　吗？
　　　Jiāténg, xiàzhōu de xīngqīwǔ nǐ yǒu shíjiān ma?

加藤：有。你　有　什么　事　吗？
　　　Yǒu. Nǐ yǒu shénme shì ma?

陈翔：如果　你　感　兴趣　的话，来　参加　我们　的
　　　Rúguǒ nǐ gǎn xìngqù dehuà, lái cānjiā wǒmen de

　　　活动　吧。
　　　huódòng ba.

加藤：是　你们　的　志愿者　活动　吗？
　　　Shì nǐmen de zhìyuànzhě huódòng ma?

陈翔：对。这　次　我们　去　老人　之　家，和　老人　联欢。
　　　Duì. Zhèi cì wǒmen qù lǎorén zhī jiā, hé lǎorén liánhuān.

加藤：好　的，我　非常　愿意　参加。
　　　Hǎo de, wǒ fēicháng yuànyì cānjiā.

語 句

① 志愿者 zhìyuànzhě 名 ＝ボランティア

② 下周 xiàzhōu 名
　　＝来週（"下星期 xiàxīngqī"とも言う）

③ 下周的星期五 xiàzhōu de xīngqīwǔ
　　＝来週の金曜日（"下星期五"とも言う）

④ 如果〜的话 rúguǒ 〜 dehuà
　　＝もし〜ならば

⑤ 感兴趣 gǎn xìngqù ＝興味を持つ

⑥ 参加 cānjiā 動 ＝参加する

⑦ 活动 huódòng 名・動 ＝活動（する）

⑧ 这次 zhèi cì ＝今回、このたび（"上次 shàng cì"：前回、"下次 xià cì"：次回）

⑨ 老人 lǎorén 名 ＝老人、お年寄り

⑩ 老人之家 lǎorén zhī jiā 名 ＝老人の家、老人ホーム（"之"は文語で、意味は「〜の」）

⑪ 联欢 liánhuān 名・動 ＝交歓（する）

⑫ 愿意 yuànyì 助
　　＝（心から）〜したいと思う、希望する

Point ポイント

1 複文 "如果Ａ（的话），（就）Ｂ" 「もしＡならばＢだ」

(1) 如果你去的话，我也去。　　　Rúguǒ nǐ qù dehuà, wǒ yě qù.

(2) 如果天气不好，就不去野游了。
　　Rúguǒ tiānqì bù hǎo, jiù bú qù yěyóu le.　　　★野游：野外へ行って遊ぶ

2 助動詞 "愿意" 「（心から）〜したいと思う、希望する」

(1) 你愿意跟他结婚吗？　　Nǐ yuànyì gēn tā jiéhūn ma?　　　★结婚：結婚する

(2) 这种事我不愿意做。　　Zhèi zhǒng shì wǒ bú yuànyì zuò.　　★这种：この種の、この手の

1 本文に基づいて質問に答えましょう。

(1) 下星期五加藤有时间吗？　答 ＿＿＿＿＿＿＿＿＿＿＿＿＿＿＿＿

(2) 加藤非常愿意参加的是什么活动？ 答 ＿＿＿＿＿＿＿＿＿＿＿＿＿

(3) 陈翔他们这次去哪儿？　答 ＿＿＿＿＿＿＿＿＿＿＿＿＿＿＿＿＿

2 最も適当なものを（　　）の中に入れて日本語に訳しましょう。

(1) （　　　　）大家都同意的话，我们就干吧。　★同意：賛成する　干：する、やる
　　（　　　）dàjiā dōu tóngyì dehuà, wǒmen jiù gàn ba.

　　日本語 ＿＿＿＿＿＿＿＿＿＿＿＿＿＿＿＿＿＿＿＿＿＿＿＿＿＿＿

(2) （　　　　）你愿意（　　　　），就来参加我们的活动吧。
　　（　　　）nǐ yuànyì（　　）, jiù lái cānjiā wǒmen de huódòng ba.

　　日本語 ＿＿＿＿＿＿＿＿＿＿＿＿＿＿＿＿＿＿＿＿＿＿＿＿＿＿＿

TRACK 42

3 CD を聞いて会話内容と一致するものに○をつけましょう。

(1) 下星期六陈翔他们去医院。　　　　　　（　　　）

(2) 加藤不想参加下星期六的志愿者活动。　（　　　）

(3) 下星期六加藤有事，不能参加志愿者活动。（　　　）

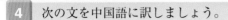

4 次の文を中国語に訳しましょう。

(1) もしご興味があれば，私たちの活動に参加しませんか。

_____

(2) はい，私は非常に（心から）参加したいです。

_____

(3) 来週の火曜日に中国語の授業がありますか。

_____

達成度を自己確認 We Can!

A 次の（　）を埋めて日本語に訳しましょう。

(1) 如果明天下大雪（　　　），我们就不开车，坐火车去。
Rúguǒ míngtiān xià dàxuě (　　), wǒmen jiù bù kāichē, zuò huǒchē qù.

日本語訳：_____

(2) 如果你（　　　）的话，我们就结婚吧。
Rúguǒ nǐ (　　) de huà, wǒmen jiù jiéhūn ba.

日本語訳：_____

(3) 听说小李毕业后（　　　）到偏僻的地方工作。　*偏僻：辺鄙である
Tīngshuō Xiǎo Lǐ bìyè hòu (　　) dào piānpì de dìfang gōngzuò.　*地方：ところ

日本語訳：_____

B この課の中で一番覚えたい中国語を書いてみましょう。

_____

TRACK **43** 間もなく運動会になるので、学生たちはトレーニングに余念がない。

加藤: 学校 快 开 运动会 了，你 有 什么 项目 吗？
Xuéxiào kuài kāi yùndònghuì le, nǐ yǒu shénme xiàngmù ma?

陈翔: 有 啊。铁饼 和 马拉松。你 呢？
Yǒu a. Tiěbǐng hé mǎlāsōng. Nǐ ne?

加藤: 我 不 擅长 体育 运动，只 参加 一 项
Wǒ bú shàncháng tǐyù yùndòng, zhǐ cānjiā yí xiàng

接力赛。
jiēlìsài.

陈翔: 为了 参加 马拉松，我 现在 每 天 跑步。
Wèile cānjiā mǎlāsōng, wǒ xiànzài měi tiān pǎobù.

加藤: 那 我 也 应该 每天 练习练习。
Nà wǒ yě yīnggāi měitiān liànxí liànxí.

陈翔: 我们 早上 一起 到 操场 练习 怎么样？
Wǒmen zǎoshang yìqǐ dào cāochǎng liànxí zěnmeyàng?

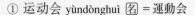

① 运动会 yùndònghuì 名 ＝運動会	＝スポーツの種目などに用いる
② 开 kāi 動 ＝開く、開催する	⑩ 接力赛 jiēlìsài 名 ＝リレー競争
③ 项目 xiàngmù 名 ＝項目、種目	⑪ 为了 wèile 介 ＝～ため、～のために
④ 铁饼 tiěbǐng 名 ＝円盤投げ	⑫ 跑步 pǎo//bù 動
⑤ 马拉松 mǎlāsōng 名 ＝マラソン	＝ジョギングをする、駆け足をする
⑥ 擅长 shàncháng 動	⑬ 应该 yīnggāi 助
＝堪能である、得意である	＝～すべきだ、～のはずだ
⑦ 体育运动 tǐyù yùndòng ＝スポーツ	⑭ 练习 liànxí 動 ＝練習する、けいこする
⑧ 只 zhǐ 副 ＝ただ、～だけ、～しかない	⑮ 操场 cāochǎng 名 ＝グラウンド、運動場
⑨ 项 xiàng 量	

ポイント

1 介詞 "为了～" と "为～" 「～ため、～のために」

いずれも行為の目的や原因を表わすが、"为" は動作の受益者を導く働きもある。

(1) 妈妈总是为我担心。 Māma zǒngshì wèi wǒ dānxīn. ★担心：心配する

(2) 为大家的健康、幸福干杯！ Wèi dàjiā de jiànkāng、xìngfú gānbēi!

★干杯：乾杯する

(3) 为了减肥，她每天早上跑步。 Wèile jiǎnféi, tā měitiān zǎoshang pǎobù.

★减肥：ダイエットする

2 助動詞 "应该" 「～すべきだ、～のはずだ」

(1) 我们应该学好汉语。 Wǒmen yīnggāi xuéhǎo Hànyǔ.

(2) 爸爸应该下班了。 Bàba yīnggāi xiàbān le. ★下班：退勤する、仕事を終える

1 本文に基づいて質問に答えましょう。

(1) 学校运动会陈翔有什么项目？　　答 ＿＿＿＿＿＿＿＿＿＿＿＿＿＿＿＿＿

(2) 加藤有什么项目？　　答 ＿＿＿＿＿＿＿＿＿＿＿＿＿＿＿＿＿

(3) 现在陈翔每天做什么？　　答 ＿＿＿＿＿＿＿＿＿＿＿＿＿＿＿＿＿

2 最も適当なものを（　　）の中に入れて日本語に訳しましょう。

(1) （　　　　）日中两国的友谊干杯！　　★友谊：友誼、友情
　　（　　）Rì-Zhōng liǎng guó de yǒuyì gānbēi!

　　日本語 ＿＿＿＿＿＿＿＿＿＿＿＿＿＿＿＿＿＿＿＿＿＿＿＿＿＿＿＿＿

(2) （　　　　）学好汉语，你（　　　　）多看中文报纸。
　　（　　）xuéhǎo Hànyǔ, nǐ（　　）duō kàn Zhōngwén bàozhǐ.　　★中文报纸：中国語の新聞

　　日本語 ＿＿＿＿＿＿＿＿＿＿＿＿＿＿＿＿＿＿＿＿＿＿＿＿＿＿＿＿＿

TRACK 45

3 CD を聞いて会話内容と一致するものに○をつけましょう。

(1) 加藤哥哥擅长体育运动。　　　　　　（　　　）

(2) 加藤哥哥喜欢每天早上锻炼身体。　　（　　　）

(3) 加藤晚上喜欢在家看电视。　　　　　（　　　）

4 次の文を中国語に訳しましょう。

(1) 私も毎日練習しなくちゃ（練習すべきです）。

_____

(2) 朝，一緒にグランドへ練習しに行ってみないか。

_____

(3) 私はスポーツがあまり得意ではありません。

_____

達成度を自己確認　We Can!

A 次の（　）を埋めて日本語に訳しましょう。

(1) （　　　　）参加奥运会，选手们每天都在刻苦训练。
（　）cānjiā Àoyùnhuì, xuǎnshǒumen měi tiān dōu zài kèkǔ xùnliàn.

*奥运会：オリンピック大会　*刻苦训练：骨身を惜しまずに訓練する

日本語訳：..

(2) 你不是经营专业吗？（　　　　）选修汉语课。
Nǐ bú shì jīngyíng zhuānyè ma?（　）xuǎnxiū Hànyǔ kè.

*经营专业：経営専攻
*选修：選択して履修する

日本語訳：..

(3) 来，（　　　　）我们的合作愉快干杯！
Lái,（　）wǒmen de hézuò yúkuài gānbēi!

*合作：協力（する）　*愉快：愉快である

日本語訳：..

B この課の中で一番覚えたい中国語を書いてみましょう。

```
┌─────────────────────────────────────────┐
│                                         │
│                                         │
│                                         │
│                                         │
└─────────────────────────────────────────┘
```

第15课

TRACK
46 🎵 加藤さんと陳翔さんは山東省の曲阜にある孔子廟に見学に行っている。

加藤：孔子庙　的　建筑　真　有　特色。
　　　Kǒngzǐmiào　de　jiànzhù　zhēn　yǒu　tèsè.

陈翔：我们　在　孔子庙　前　照　张　纪念　相　吧。
　　　Wǒmen　zài　Kǒngzǐmiào　qián　zhào　zhāng　jìniàn　xiàng　ba.

加藤：好　的。孔子　在　国外　的　知名度　很　高　啊。
　　　Hǎo　de.　Kǒngzǐ　zài　guówài　de　zhīmíngdù　hěn　gāo　a.

陈翔：是　啊。所以　中国　在　国外　办了　很　多
　　　Shì　a.　Suǒyǐ　Zhōngguó　zài　guówài　bànle　hěn　duō

　　　孔子　学院。
　　　Kǒngzǐ　Xuéyuàn.

加藤：孔子　既　是　第一　个　办　私学　的　教育家，
　　　Kǒngzǐ　jì　shì　dì-yī　ge　bàn　sīxué　de　jiàoyùjiā,

　　　又　是　思想家。
　　　yòu　shì　sīxiǎngjiā.

陈翔：据说　孔子　有　弟子　三千　人。孔子　真　伟大！
　　　Jùshuō　Kǒngzǐ　yǒu　dìzǐ　sānqiān　rén.　Kǒngzǐ　zhēn　wěidà!

語句

① 参拝 cānbài 動 ＝参拝する、詣でる

② 孔子庙 Kǒngzǐmiào 名 ＝孔子廟（孔子の霊を祀った廟。山東省の曲阜にある孔子廟は初めて孔子を祀った廟で、規模も一番大きい。）

③ 建筑 jiànzhù 名・動 ＝建築物、建築（する）

④ 特色 tèsè 名 ＝特色、特徴

⑤ 纪念相 jìniàn xiàng ＝記念写真

⑥ 国外 guówài 名 ＝国外、外国

⑦ 知名度 zhīmíngdù 名 ＝知名度

⑧ 办 bàn 動 ＝創設する、経営する

⑨ 学院 xuéyuàn 名 ＝学院

⑩ 既是A，又是B jì shì A, yòu shì B ＝Aでもあり，（また）Bでもある

⑪ 第一个 dì-yī ge ＝初めて（の一つ）、第一（の）

⑫ 私学 sīxué 名 ＝私学、私立の学校

⑬ 据说 jù//shuō 動 ＝言うところによれば（聞くところによれば）～だそうだ

⑭ 伟大 wěidà 形 ＝偉大である、立派である

 ポイント

1 複文"既是A，又是B" 「Aでもあり，（また）Bでもある」

(1) 她既是演员，又是画家。 Tā jì shì yǎnyuán, yòu shì huàjiā. ★演员：俳優、役者

(2) 孔子既是教育家，又是思想家。 Kǒngzǐ jì shì jiàoyùjiā, yòu shì sīxiǎngjiā.

2 挿入語"据说～" 「聞くところによれば～だそうだ」

"据说"はたんなる噂によるものではなく、根拠がある場合が多い。

(1) 据说会场在大礼堂。 Jùshuō huìchǎng zài dàlǐtáng. ★会场：会場

(2) 据天气预报说明天有大雨。 ←情報源を示すこともできる。
Jù tiānqì yùbào shuō míngtiān yǒu dàyǔ. ★天气预报：天気予報

1 本文に基づいて質問に答えましょう。

(1) 孔子庙的建筑怎么样？　　　答 _____

(2) 中国在国外办了很多什么？　答 _____

(3) 据说孔子有多少弟子？　　　答 _____

2 下記の日本語の意味になるように、語句を並べ替えましょう。

(1) 李先生がおっしゃるには，来週留学生は老人ホーム見学に行くそうです。

　　（　李老师　留学生　老人之家　据　去　下星期　说　参观　。　）

★参观 cānguān：見学する、見物する

　　_____

(2) 孔子ははじめて私塾を創設した教育家であり，思想家でもあります。

　　（　孔子　教育家　思想家　私学　既是　又是　的　第一个　办，。　）

　　_____

3 TRACK 48 CD を聞いて会話内容と一致するものに○をつけましょう。

(1) 加藤参拜过孔子庙。　　　　　　　（　　　）

(2) 加藤还想去参拜孔子庙。　　　　　（　　　）

(3) 加藤六月二十五号参拜了孔子庙。　（　　　）

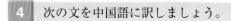

4 次の文を中国語に訳しましょう。

(1) 孔子は海外での知名度が高いですね。

_____

(2) 私たちは孔子廟の前で記念写真を撮りましょう。

_____

(3) 聞くところによれば，孔子ははじめて私塾を創設した教育家です。

_____

達成度 を自己確認 🐛 We Can!

A 次の（　）を埋めて日本語に訳しましょう。

(1) 他真了不起，既是演员，（　　　）有名的政治家 　*了不起：すばらしい
　　Tā zhēn liǎobuqǐ, jì shì yǎnyuán, (　) yǒumíng de zhèngzhìjiā.

　　日本語訳：_____

(2) 据老师（　　　）他一毕业就去澳大利亚留学了。 　*毕业：卒業する
　　Jù lǎoshī (　) tā yí bìyè jiù qù Àodàlìyà liúxué le. 　*澳大利亚：オーストラリア

　　日本語訳：_____

(3) 司马迁的《史记》（　　　）著名的历史书，又是优秀的文学作品。
　　Sīmǎ Qiān de «Shǐjì» (　) zhùmíng de lìshǐ shū, yòu shì yōuxiù de wénxué zuòpǐn.
　　　　　　　　　　　　　　　　　　　　　　　　　　*司马迁：司馬遷

　　日本語訳：_____

B この課の中で一番覚えたい中国語を書いてみましょう。

```



```

加藤さんは選ばれて外国人中国語スピーチコンテストに参加することになった。

陈翔： 加藤， 祝贺 你 被 选为 留学生 代表！
Jiāténg, zhùhè nǐ bèi xuǎnwéi liúxuéshēng dàibiǎo!

加藤： 我 很 高兴 参加 汉语 讲演 比赛，
Wǒ hěn gāoxìng cānjiā Hànyǔ jiǎngyǎn bǐsài,

可是 我 好 害怕。
kěshì wǒ hǎo hàipà.

陈翔： 没 事儿， 你 的 汉语 说得 非常 流利。
Méi shìr, nǐ de Hànyǔ shuōde fēicháng liúlì.

加藤： 你 再 帮 我 看看 讲演 稿儿 吧。
Nǐ zài bāng wǒ kànkan jiǎngyǎn gǎor ba.

陈翔： 这 没 问题。全 包 在 我 身上。
Zhè méi wèntí. Quán bāo zài wǒ shēnshang.

加藤： 有 你 这个 好 朋友 在 身边，我 太 幸运 了。
Yǒu nǐ zhèige hǎo péngyou zài shēnbiān, wǒ tài xìngyùn le.

TRACK
50

語句

① 讲演 jiǎngyǎn 名・動
　 =講演（する）、スピーチ（する）

② 比赛 bǐsài 名・動 =試合（する）

③ 祝贺 zhùhè 動 =祝賀する、祝う

④ 被 bèi 介 =～に～される

⑤ 为 wéi 動 =～とする、～とみなす

⑥ 可是 kěshì 接 =しかし、でも

⑦ 高兴 gāoxìng 動 =喜んで～する

⑧ 害怕 hài//pà 動 =怖い、怖がる、恐れる

⑨ 没事儿 méi shìr

　 =大丈夫だ、大したことはない

⑩ 稿儿 gǎor 名 =原稿

⑪ 没问题 méi wèntí =大丈夫だ、問題ない

⑫ 全 quán 副 =すべて、全部

⑬ 包在我身上 bāo zài wǒ shēnshang =私に
　 任せなさい（"包"：保証する、引き受ける "身
　 上"：身に）

⑭ 身边 shēnbiān 名 =そば、身辺

⑮ 幸运 xìngyùn 形
　 =好運である、幸せである

ポイント

1 受身文 "被～" 「AはBに～される」

受身文は "被" の他に、口語では "叫" "让" もよく用いられる。

A（受動者）＋ "被" ＋B（主動者）＋動詞＋他の付加成分

※他の付加成分には、補語（結果補語・方向補語・様態補語）、動態助詞 "了" "过" といったものが含まれる。

(1) 小王被上司批评了。　　　Xiǎo Wáng bèi shàngsi pīpíng le.　　★上司：上司　批评：叱る

(2) 老王被选为劳动模范。　　←主動者は省略できる。
　　Lǎo Wáng bèi xuǎnwéi láodòng mófàn.　　　　　　　　★劳动：労働　模范：模範

2 接続詞 "可是" 「しかし～」

(1) 这东西好是好，可是我买不起。　　Zhè dōngxi hǎo shì hǎo, kěshì wǒ mǎibuqǐ.

(2) 快开学了，可是我还没做作业呢。　　Kuài kāixué le, kěshì wǒ hái méi zuò zuòyè ne.

　　　　　　　　　　　　　　　　　　　　　　★做作业：宿題をする

1 本文に基づいて質問に答えましょう。

(1) 加藤被选为什么代表？ 答 _____

(2) 加藤参加什么比赛？ 答 _____

(3) 陈翔说加藤的汉语说得怎么样？ 答 _____

2 下記の日本語の意味になるように、語句を並べ替えましょう。

(1) 中国語スピーチコンテストに参加するのは嬉しいですが，私はとても怖いです。
（ 我　我　可是　参加　很　害怕　高兴　比赛　汉语　好　讲演 ，。）

_____

(2) あなたのようないい友達がそばにいてくれるから，私はラッキーよ。
（ 有　我　你　朋友　这个　幸运　好　太　身边　在　了 ，。）

_____

TRACK 51 **3** CD を聞いて会話内容と一致するものに○をつけましょう。

(1) 星期三学校有英语讲演比赛。　　　　　　（　　　）

(2) 讲演比赛的会场在图书馆后面的大礼堂。　（　　　）

(3) 讲演比赛的会场在大礼堂后面的图书馆。　（　　　）

4 次の文を中国語に訳しましょう。

(1) それなら大丈夫。全部私に任せて。

_____

(2) 留学生の代表に選ばれて，おめでとう！

_____

(3) あなたの中国語は大変流暢よ。（様態補語を用いる）

_____

達成度を自己確認 We Can!

A 次の（ ）を埋めて日本語に訳しましょう。

(1) 儿子（　　　）选为奥运会选手，父母高兴得合不上嘴。
Érzi（ ）xuǎnwéi Àoyùnhuì xuǎnshǒu, fùmǔ gāoxìngde hébushàng zuǐ.

*儿子：息子　*合不上嘴：口が閉められないほど

日本語訳：_____

(2) 快要提交毕业论文了，（　　　）他刚刚开始写。
Kuàiyào tíjiāo bìyè lùnwén le, （ ）tā gānggāng kāishǐ xiě.

*提交：提出する

日本語訳：_____

(3) 昨晚台风登陆，路边的树（　　　）大风刮倒了。
Zuówǎn táifēng dēnglù, lùbiān de shù （ ）dàfēng guādǎo le.

*路边：道端
*刮倒：吹き倒す

日本語訳：_____

B この課の中で一番覚えたい中国語を書いてみましょう。

_____

TRACK **52**

加藤さん等留学生は郊外にある農家を訪問しに行った。

老师：
同学们，　到　了！　把　自己　的　东西　拿好，
Tóngxuémen, dào le! Bǎ zìjǐ de dōngxi náhǎo,

下车　吧。
xiàchē ba.

加藤：
老师，大　的　行李　也　自己　拿着　吗？
Lǎoshī, dà de xíngli yě zìjǐ názhe ma?

老师：
可以　放　车　里。你们　分　组　去　农家　访问　吧。
Kěyǐ fàng chē li. Nǐmen fēn zǔ qù nóngjiā fǎngwèn ba.

　　　　　＊　＊　＊

大爷：
热烈　欢迎！欢迎　各　位　留学生。
Rèliè huānyíng! Huānyíng gè wèi liúxuéshēng.

加藤：
大爷，您　家　真　漂亮，好　宽敞　啊。
Dàye, nín jiā zhēn piàoliang, hǎo kuānchang a.

大爷：
是　啊。这么　好　的　生活，我　连　做梦　都
Shì a. Zhème hǎo de shēnghuó, wǒ lián zuòmèng dōu

没　想到。
méi xiǎngdào.

74

語 句

① 访问 fǎngwèn 動 =訪問する

② 农家 nóngjiā 名 =農家

③ 同学们 tóngxuémen
　=（学生に対する呼称）学生諸君

④ 把 bǎ 介 =～を（～する）

⑤ 下车 xià//chē 動
　=車を降りる、下車する

⑥ 里 li 方位 =～の中

⑦ 分组 fēn zǔ =グループに分ける、グルー
　プに分かれる

⑧ 大爷 dàye 名 =おじさん

⑨ 热烈 rèliè 形 =熱烈である

⑩ 欢迎 huānyíng 動 =歓迎する

⑪ 各位 gè wèi =各位、みなさん

⑫ 宽敞 kuānchang 形 =広々としている

⑬ 生活 shēnghuó 名・動
　=生活（する）、暮らし（暮らす）

⑭ 连A都B lián A dōu B
　=AさえもB、AまでもB

⑮ 做梦 zuò//mèng 動 =夢を見る

ポイント

1 **"把"構文　"把"＋目的語＋動詞＋他の付加成分**　「～を（～する）」

目的語を強調したい時、或いは目的語となっている人や事物に対する処置・影響を表わす
場合、介詞"把"を用いて目的語を動詞の前に置くことができる。動詞の後に必ず補語や
動態助詞の"着""了"など付加成分をつける。

(1)　我把药吃了。　　　　　　　　　　　　Wǒ bǎ yào chī le.（動態助詞"了"）　　　　　　　★药：薬

(2)　他们没把教室打扫干净。(結果補語)　←否定詞は"把"の前に置く。
　　Tāmen méi bǎ jiàoshì dǎsǎo gānjìng.　　　　　　　　　　　　　　★打扫：掃除する

2 **"连A都（也）B"**　「AさえもB、AまでもB」

(1)　这件事连你妈妈也反对吗？　　Zhè jiàn shì lián nǐ māma yě fǎnduì ma?

(2)　他连做梦都想当大富翁。　　　Tā lián zuòmèng dōu xiǎng dāng dà fùwēng.
　　　　　　　　　　　　　　　　　　　　★当大富翁：大富豪になる

1 本文に基づいて質問に答えましょう。

(1) 老师说大的行李怎么办？　　　　　答 _____

(2) 加藤一个人去农家访问吗？　　　　答 _____

(3) 大爷家怎么样？　　　　　　　　　答 _____

2 最も適当なものを（　　）の中に入れて日本語に訳しましょう。

(1) 加藤（　　　　）房间打扫得非常干净。
　　　Jiāténg (　　) fángjiān dǎsǎode fēicháng gānjìng.

　　日本語 _____

(2) 这个问题很难，（　　　）老师（　　　　）不懂。
　　　Zhèige wèntí hěn nán, (　　) lǎoshī (　　) bù dǒng.

　　日本語 _____

TRACK 54 **3** CDを聞いて会話内容と一致するものに○をつけましょう。

(1) 加藤说访问农家很有意思。　　　　　（　　　）

(2) 加藤他们一共去了二十五个学生。　　（　　　）

(3) 一起去访问农家的还有两个老师。　　（　　　）

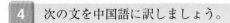

4 次の文を中国語に訳しましょう。

(1) 自分の物をちゃんと持って下車してください。

_____

(2) このことはご両親さえも反対ですか。　　　　　　　★父母 fùmǔ：両親

_____

(3) お宅は本当に綺麗で，とても広いですね。

_____

達成度を自己確認 We Can!

A 次の（　）を埋めて日本語に訳しましょう。

(1) 元旦前我们家大扫除，（　　　）家里打扫得干干净净的。＊大扫除：大掃除
　　Yuándàn qián wǒmen jiā dà sǎochú, （　）jiā li dǎsǎode gāngānjìngjìng de.

　　日本語訳：_____

(2) 我们不是好朋友吗？你连我（　　　）不相信吗？
　　Wǒmen bú shì hǎo péngyou ma? Nǐ lián wǒ （　） bù xiāngxìn ma?　　＊相信：信じる

　　日本語訳：_____

(3) 房间里太热了，（　　　）窗户打开吧。　　　　　＊窗户：窓　＊打开：開ける
　　Fángjiān li tài rè le, （　） chuānghu dǎkāi ba.

　　日本語訳：_____

B この課の中で一番覚えたい中国語を書いてみましょう。

┌───┐
│   │
│   │
│   │
└───┘

第18課

寒くなり、陳翔さんは加藤さんに冬用のオーバーを買いに行かないかと声をかけた。

陈翔： 加藤， 天气 冷起来 了，我 陪 你 去 买
Jiāténg, tiānqì lěngqǐlai le, wǒ péi nǐ qù mǎi

大衣 吧。
dàyī ba.

加藤： 最近 你 不 是 有 考试 吗？ 考完试 去 吧。
Zuìjìn nǐ bú shì yǒu kǎoshì ma? Kǎowánshì qù ba.

陈翔： 教室 里 还 没 送 暖气， 你 不 冷 吗？
Jiàoshì li hái méi sòng nuǎnqì, nǐ bù lěng ma?

加藤： 不 要紧。 再 坚持 几 天 没 问题。
Bú yàojǐn. Zài jiānchí jǐ tiān méi wèntí.

陈翔： 你 千万 别 勉强， 有 什么 困难 告诉 我。
Nǐ qiānwàn bié miǎnqiǎng, yǒu shénme kùnnan gàosu wǒ.

加藤： 好 的。 你 放心。 好好儿 地 准备 考试 吧。
Hǎo de. Nǐ fàngxīn. Hǎohāor de zhǔnbèi kǎoshì ba.

78

語　句

① 考试 kǎo//shì 名・動
　　＝試験、試験をする

② ～起来 qǐlai ＝～になってくる

③ 送 sòng 動 ＝送る、届ける

④ 暖气 nuǎnqì 名
　　＝（温水または蒸気による）暖房

⑤ 坚持 jiānchí 動
　　＝頑張り続ける、やり抜く

⑥ 千万 qiānwàn 副
　　＝ぜひとも、くれぐれも

⑦ 勉强 miǎnqiǎng 動・形
　　＝無理をする、無理強いする

⑧ 困难 kùnnan 名 ＝困難

⑨ 告诉 gàosu 動 ＝教える、知らせる

⑩ 放心 fàng//xīn 動 ＝安心する

⑪ 好好儿 hǎohāor 副 ＝よく、しっかり

⑫ 地 de 助 ＝連用修飾語のしるし

⑬ 准备 zhǔnbèi 動 ＝準備する、用意する

ポイント

1 複合方向補語 "～起来"

動詞の後に用い、動作が低い所から高い所へ向かうことを表わす。派生的用法もある。

(1) 太阳从东方升起来了。　　　　　Tàiyáng cóng dōngfāng shēngqǐlai le.

★太阳：太陽　升：昇る

(2) 你们把这些东西收拾起来。　←派生義（分散していたものが集中する意を表わす。）
Nǐmen bǎ zhèxiē dōngxi shōushiqǐlai.　　　　　　　★收拾：片づける

2 助詞 "地"

動詞・形容詞を修飾する語句・フレーズの後ろに置かれ、連用修飾語であることを表わす。

(1) 太阳渐渐地升起来了。　　　Tàiyáng jiànjiàn de shēngqǐlai le.　　★渐渐：だんだん

(2) 新娘幸福地微笑着。　　　　Xīnniáng xìngfú de wēixiàozhe.

★新娘：花嫁　微笑：ほほえむ

1 本文に基づいて質問に答えましょう。

(1) 陈翔为什么要陪加藤去买大衣？　答 _____

(2) 教室里送暖气了吗？　　　　　答 _____

(3) 加藤让陈翔好好儿地做什么？　答 _____

2 下記の日本語の意味になるように、語句を並べ替えましょう。

(1) 陳翔さんは毎日楽しそうに学校に行きます。

（　陈翔　学校　地　每天　去　兴　兴　高　高　。　）

★形容詞"高兴"の重ね型は？

_____

(2) 彼のリスニング能力はだんだんついてきました。

（　听力　了　他　地　提高　的　渐渐　。　）

_____

3 CD を聞いて会話内容と一致するものに○をつけましょう。

(1) 星期六加藤有考试，不能去打网球。　　　　（　　　）

(2) 星期六加藤要学习日语，没有时间。　　　　（　　　）

(3) 星期六加藤要帮朋友学习日语，没有时间。　（　　　）

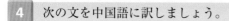

4 次の文を中国語に訳しましょう。

(1) くれぐれも無理をしないでください。

_____

(2) 何か困ったことがあれば私におっしゃってください。

_____

(3) あなたはしっかり試験の準備をしてください。

_____

達成度を自己確認 We Can!

A 次の（ ）を埋めて日本語に訳しましょう。

(1) 这件事你们公司必须认真（　　　）处理。
Zhè jiàn shì nǐmen gōngsī bìxū rènzhēn（　）chǔlǐ.
　　　　　　　　　　　　　　　　　　　　*必须：必ず…しなければならない
　　　　　　　　　　　　　　　　　　　　*认真：真剣である

日本語訳：_____

(2) 近几年我们家乡的经济繁荣（　　　）了。
Jìn jǐ nián wǒmen jiāxiāng de jīngjì fánróng（　）le.
　　　　　　　　　　　　　　　　*近几年：近年　*家乡：郷里

日本語訳：_____

(3) 虽然工作很累，但是我妈妈总是高高兴兴（　　　）去上班。
Suīrán gōngzuò hěn lèi, dànshì wǒ māma zǒngshì gāogāoxìngxìng（　）qù shàngbān.
　　　　　　　　　　　　　　　　　　　　*累：疲れる　*上班：出勤する

日本語訳：_____

B この課の中で一番覚えたい中国語を書いてみましょう。

_____

买 大衣
Mǎi dàyī

TRACK 58 陳翔さんと加藤さんは一緒に店にオーバーを買いに行った。

陈翔: 你 看， 这 家 商店 的 服装 既 漂亮 又 便宜。
Nǐ kàn, zhè jiā shāngdiàn de fúzhuāng jì piàoliang yòu piányi.

加藤: 真 的。 样式 也 很 新颖。
Zhēn de. Yàngshì yě hěn xīnyǐng.

老板: 欢迎 光临！ 美女， 买 件 大衣 吧。
Huānyíng guānglín! Měinǚ, mǎi jiàn dàyī ba.

加藤: 老板， 可以 试穿 一下儿 吗？
Lǎobǎn, kěyǐ shìchuān yíxiàr ma?

老板: 当然 可以。 试衣间 在 里边儿。
Dāngrán kěyǐ. Shìyījiān zài lǐbianr.

加藤: 陈 翔， 你 在 这儿 等 我， 我 去 试试。
Chén Xiáng, nǐ zài zhèr děng wǒ, wǒ qù shìshi.

語句

① 既A，又B jì A, yòu B ＝Aでもあれば，Bでもある、Aの上にBだ

② 样式 yàngshì 名 ＝様式、デザイン

③ 新颖 xīnyǐng 形
＝斬新である、ユニークである

④ 光临 guānglín 動 ＝ご光臨（"欢迎光临"：ようこそいらっしゃいませ）

⑤ 老板 lǎobǎn 名 ＝（主に個人経営の）店や会社の店主、経営者を指す

⑥ 美女 měinǚ 名 ＝美女、（若い女性に対する敬称である"小姐 xiǎojiě"の代わりに使われ出した近年の流行語）ミス～、～さん

⑦ 试穿 shìchuān 動 ＝試着する

⑧ 当然 dāngrán 副 ＝もちろん

⑨ 试衣间 shìyījiān 名 ＝試着室

⑩ 里边儿 lǐbianr 方位 ＝奥の方

⑪ 试 shì 動 ＝試着する、試みる、試す

第20課

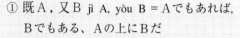 **ポイント**

1 複文"既A，又B"「Aでもあれば，Bでもある、Aの上にBだ」

(1) 这里的商品既丰富又便宜。　Zhèli de shāngpǐn jì fēngfù yòu piányi.

(2) 她既会弹钢琴，又会拉二胡。　Tā jì huì tán gāngqín, yòu huì lā èrhú.

★丰富：豊かである　　★弹钢琴：ピアノを弾く　拉二胡：二胡を弾く

2 動量補語"一下儿" 主語＋動詞＋**動量補語**（＋目的語）「ちょっと～する、～してみる」

(1) 我想打听一下儿。　Wǒ xiǎng dǎtīng yíxiàr.　★打听：尋ねる

(2) 你们收拾一下儿办公室。　Nǐmen shōushi yíxiàr bàngōngshì.　★办公室：事務室

※ ただし、目的語が代名詞（人称代詞・指示代詞）の場合、動量補語は目的語の後ろに置く。
　主語＋動詞＋目的語＋**動量補語**

(1) 你等我一下儿。　Nǐ děng wǒ yíxiàr.

(2) 小李，你来这里一下儿。　Xiǎo Lǐ, nǐ lái zhèli yíxiàr.

1 本文に基づいて質問に答えましょう。

(1) 陈翔说"这家"商店的服装怎么样？ 答 _____

(2) 加藤觉得服装的样式怎么样？ 答 _____

(3) "这家"商店的服装可以试穿吗？ 答 _____

2 下記の日本語の意味になるように、語句を並べ替えましょう。

(1) 私たちはちょっと部屋を掃除したい。
　　（　想　我们　房间　一下儿　打扫　。　）

　　_____

(2) 彼は中国語も話せるし，スペイン語も話せます。
　　（　他　汉语　西班牙语　会　会　说　说　又　既　，　。　）

　　_____

TRACK 60

3 CDを聞いて会話内容と一致するものに○をつけましょう。

(1) 加藤还想再买一件大衣。　　　　　　　　　（　　　）

(2) 韩国留学生也想买一件大衣。　　　　　　　（　　　）

(3) 陈翔说再陪加藤和她的同屋一起去买大衣。　（　　　）

4 次の文を中国語に訳しましょう。

(1) この店の服は綺麗だし安い。

_____

(2) あのう，ちょっと試着してもいいですか。

_____

(3) ここで私をちょっと待って下さい。

_____

達成度を自己確認 We Can!

A 次の（　）を埋めて日本語に訳しましょう。

(1) 这种食品（　　　　）价钱便宜，又营养丰富。　　　*价钱：値段
Zhè zhǒng shípǐn (　　) jiàqián piányi, yòu yíngyǎng fēngfù.

日本語訳：..

(2) 我回去跟家人商量（　　　　），再答复你。　　*家人：家族　*答复：返事する
Wǒ huíqu gēn jiārén shāngliang (　　), zài dáfù nǐ.

日本語訳：..

(3) 这里的气候既不冷（　　　　）不热，四季如春。　*四季如春：1年中春のようだ
Zhèli de qìhòu jì bù lěng (　　) bú rè, sìjì rú chūn.

日本語訳：..

B この課の中で一番覚えたい中国語を書いてみましょう。

```



```

第
20
課

85

TRACK
61

中国の大学では、元旦の前に殆どクラスごとに新年のお祝いをする。

陈翔： 加藤， 你们 留学生 开 新年 联欢会 吧？
Jiāténg, nǐmen liúxuéshēng kāi xīnnián liánhuānhuì ba?

加藤： 是 的。 十二 月 三十一 号 晚上 开。
Shì de. Shí'èr yuè sānshiyī hào wǎnshang kāi.

陈翔： 我们 也 是。 元旦 你 来 我 家 做客 吧。
Wǒmen yě shì. Yuándàn nǐ lái wǒ jiā zuòkè ba.

加藤： 我 一 去， 就 给 你 爸爸、 妈妈 添 麻烦。
Wǒ yí qù, jiù gěi nǐ bàba、 māma tiān máfan.

陈翔： 哪里 呀。 他们 早就 准备了 好吃 的 等着 你
Nǎli ya. Tāmen zǎojiù zhǔnbèile hǎochī de děngzhe nǐ

来 呢。
lái ne.

加藤： 那 我 一定 去。 请 代 我 向 叔叔、 阿姨 问好！
Nà wǒ yídìng qù. Qǐng dài wǒ xiàng shūshu、 āyí wènhǎo!

86

語 句

① 联欢会 liánhuānhuì 名 ＝懇親会、親睦会
（"新年联欢会"は日本の「忘年会」の如く普通年末に開かれる。）
② 新年 xīnnián 名 ＝新年、正月
③ 元旦 Yuándàn 名
＝元旦、新暦の１月１日
④ 做客 zuò//kè 動
＝客になる、人を訪問する
⑤ 添麻烦 tiān máfan
＝面倒をかける、手数をかける
⑥ 哪里 nǎli 代 ＝（謙遜語）どういたしま

して、いやいや、とんでもない
⑦ 呀 ya 助 ＝"啊 a"の直前の語の語末が
a, e, i, o, u の時、その音の影響を受け "ya"
という発音になるため、この字を使う。
⑧ 早就 zǎojiù 副 ＝とっくに
⑨ 代 dài 動 ＝代わりに〜する、代わる
⑩ 叔叔 shūshu 名 ＝おじさん
⑪ 阿姨 āyí 名 ＝おばさん
⑫ 问好 wèn//hǎo 動
＝よろしく言う、ご機嫌をうかがう

Point ポイント

1 副詞 "早就"「とっくに」

(1) 老王早就退休了。　　Lǎo Wáng zǎojiù tuìxiū le.　　★退休：定年になる

(2) 这件事我早就听说了。　Zhè jiàn shì wǒ zǎojiù tīngshuō le.

★听说：聞いている、耳にしている

2 介詞 "向〜"「〜に向かって、〜に」

動作の方向や動作の向かう相手を表わす。

(1) 不要悲观，要向前看。　Búyào bēiguān, yào xiàng qián kàn.

★悲观：悲観する　向前看：前向きに考える、前向きになる

(2) 向大家问好。　　Xiàng dàjiā wènhǎo.

(3) 请代我向你妈妈问好。　Qǐng dài wǒ xiàng nǐ māma wènhǎo.

1 本文に基づいて質問に答えましょう。

(1) 加藤他们什么时候开新年联欢会？ 答 _____

(2) 陈翔的爸爸、妈妈等着谁来？ 答 _____

(3) 加藤请陈翔向谁问好？ 答 _____

2 下記の日本語の意味になるように、語句を並べ替えましょう。

(1) 私たちはとっくに卒業論文を書き終えました。

（ 我们 论文 早就 了 把 写 毕业 完 。 ）

_____

(2) 私の代わりに旧友のみなさんによろしくお伝えください。

（ 老朋友 我 请 各位 代 向 问好 ！ ）

★老朋友 lǎo péngyou：古くからの友人

_____

3 CD を聞いて会話内容と一致するものに○をつけましょう。

TRACK
63

(1) 元旦有朋友来陈翔家做客。 （　　　）

(2) 陈翔一月二号晚上回学校。 （　　　）

(3) 陈翔一月二号和同学去看电影。 （　　　）

4 次の文を中国語に訳しましょう。

(1) 私が行くと，ご両親にご面倒をかけるのではないかしら。

_____

(2) 私の代わりにおじさんとおばさんによろしくお伝えください。

_____

(3) 両親はあなたが来るのを待っていますよ。

_____

達成度を自己確認 We Can!

A 次の（ ）を埋めて日本語に訳しましょう。

(1) 你这件衣服的样式（　　　　）过时了，买件新的吧。　*过时：時代遅れである
　　Nǐ zhè jiàn yīfu de yàngshì （ 　 ） guòshí le, mǎi jiàn xīn de ba.

　　日本語訳：...

(2) 年轻的朋友们，（　　　　）着美好的未来前进吧！　*年轻：若い　*美好：美しい
　　Niánqīng de péngyoumen, （ 　 ） zhe měihǎo de wèilái qiánjìn ba!

　　日本語訳：...

(3) 这种电脑，我们商店（　　　　）不卖了。　　　　　*电脑：コンピュータ
　　Zhè zhǒng diànnǎo, wǒmen shāngdiàn （ 　 ） bú mài le.

　　日本語訳：...

B この課の中で一番覚えたい中国語を書いてみましょう。

TRACK 64

加藤さんは旅先で道を尋ねている。

加藤: 请 问, 去 人民 商场 怎么 走?
Qǐng wèn, qù Rénmín Shāngchǎng zěnme zǒu?

过路人: 一直 往 前 走, 到 第二 个 红绿灯 那儿
Yìzhí wǎng qián zǒu, dào dì-èr ge hónglùdēng nàr

往 右 拐。
wǎng yòu guǎi.

加藤: 我 不 熟悉 路。往 右 一 拐 就 到 了 吗?
Wǒ bù shúxi lù. Wǎng yòu yì guǎi jiù dào le ma?

过路人: 道路 的 左边儿 有 个 麦当劳,
Dàolù de zuǒbianr yǒu ge Màidāngláo,

它 的 旁边儿 就 是。
tā de pángbiānr jiù shì.

加藤: 谢谢 您。听说 这 家 商场 很 有 人气。
Xièxie nín. Tīngshuō zhè jiā shāngchǎng hěn yǒu rénqì.

过路人: 对 啊。商场 里 有 许多 土特产。
Duì a. Shāngchǎng li yǒu xǔduō tǔtèchǎn.

90

語 句

① 问路 wèn lù ＝道を尋ねる
② 人民商场 Rénmín Shāngchǎng 图 ＝人民
　デパート（"商场"：デパート、マーケット）
③ 过路人 guò lù rén ＝通行人
④ 一直 yìzhí 副 ＝まっすぐ、ずっと
⑤ 往 wǎng 介 ＝〜の方へ、〜に向かって
⑥ 第二个 dì-èr ge ＝二番目（の）
⑦ 红绿灯 hónglùdēng 图 ＝信号
⑧ 拐 guǎi 動 ＝曲がる

⑨ 熟悉 shúxi 動
　＝よく知っている、熟知する
⑩ 左边儿 zuǒbianr 方位 ＝左側
⑪ 麦当劳 Màidāngláo 图 ＝マクドナルド
⑫ 旁边儿 pángbiānr 方位
　＝かたわら、そば、横
⑬ 人气 rénqì 图 ＝人気
⑭ 许多 xǔduō 数 ＝たくさん、多い
⑮ 土特产 tǔtèchǎn 图 ＝その土地の特産物

 ポイント

1 "去〜怎么走？" 「〜に行くにはどのように行くか（どう行けばいいか）」

⑴ 请问，去汽车站怎么走？　　　　　Qǐngwèn, qù qìchēzhàn zěnme zǒu?

★汽车站：バス停

⑵ 我想打听一下儿，去百货商店怎么走？
　Wǒ xiǎng dǎtīng yíxiàr, qù bǎihuò shāngdiàn zěnme zǒu?　　　★百货商店：百货店

2 介詞"往〜" 「〜の方へ、〜に向かって」

21課で学習した動作の方向や動作の向かう相手を表わす介詞"向〜"との主な違いは、動作が身体の動きを伴うことにある。

⑴ 往右一拐就到。　　　Wǎng yòu yì guǎi jiù dào.

⑵ 请大家往里边儿来。　　　Qǐng dàjiā wǎng lǐbianr lái.

× 请大家向里边儿来。　　　⇐なぜでしょうか？

1 本文に基づいて質問に答えましょう。

(1) 加藤要去哪儿？　　　　　　答 _____

(2) 加藤熟悉路吗？　　　　　　答 _____

(3) 人民商场有什么特色？　　　答 _____

2 下記の日本語の意味になるように、語句を並べ替えましょう。

(1) まっすぐ前に行って一つ目の信号のところに着いたら左に曲がって下さい。
（　一直　第一个　往　往　走　到　那儿　前　左　红绿灯　拐　，　。　）

_____

(2) そこからさらに右に曲がると，すぐに着きます。
（　再　右　那儿　了　从　就　到　一　往　拐　。　）

_____

3 CDを聞いて会話内容と一致するものに○をつけましょう。

(1) 加藤想吃小笼包。　　　　　　　　　（　　　）

(2) 大学附近有麦当劳。　　　　　　　　（　　　）

(3) 从大礼堂那儿往左一拐就有麦当劳。　（　　　）

4 次の文を中国語に訳しましょう。

(1) 道路の左にマクドナルドがあります。

_____

(2) 聞くところによれば，このマーケットはとても人気があるそうです。

_____

(3) お尋ねしますが，人民デパートに行くにはどう行けばいいですか。

_____

達成度 を自己確認 We Can!

A 次の（　）を埋めて日本語に訳しましょう。

(1) 从这里进去，一直（　　　）前走就看到了。 *看到：見える
　　Cóng zhèli jìnqu, yìzhí (　　) qián zǒu jiù kàndào le.

日本語訳：..

(2) 请大家（　　　）车厢里挤挤，还有没上来的乘客。
　　Qǐng dàjiā (　　) chēxiāng li jǐji, hái yǒu méi shànglai de chéngkè.

*车厢里：車内（の奥）　*挤：詰める

日本語訳：..

(3) 我想打听一下儿，去国际大学（　　　）?
　　Wǒ xiǎng dǎtīng yíxiàr, qù Guójì Dàxué (　　)?

日本語訳：..

B この課の中で一番覚えたい中国語を書いてみましょう。

┌───┐
│   │
│   │
│   │
└───┘

TRACK 67 陳翔さんと加藤さんは世界自然遺産の九寨溝に行った。

加藤： 啊，九寨沟 太 美 了！
À, Jiǔzhàigōu tài měi le!

陈翔： 是 啊。蓝色、绿色、黄色 的 湖水，洁白 的
Shì a. Lánsè、 lùsè、 huángsè de húshuǐ, jiébái de

瀑布，真 迷人。
pùbù, zhēn mírén.

加藤： 这里 的 湖水 就 像 画儿 一样。
Zhèli de húshuǐ jiù xiàng huàr yíyàng.

陈翔： 一切 都 是 自然 的，没有 受到 人为 的 破坏。
Yíqiè dōu shì zìrán de, méiyǒu shòudào rénwéi de pòhuài.

加藤： 时间 不 早 了，我们 得 去 下 个 景点。
Shíjiān bù zǎo le, wǒmen děi qù xià ge jǐngdiǎn.

陈翔： 好。我们 快 走 吧。
Hǎo. Wǒmen kuài zǒu ba.

語 句

① 九寨沟 Jiǔzhàigōu 名 ＝九寨溝（四川省の北にあり、ユネスコの世界自然遺産に指定されている。）

② 蓝色 lánsè 名 ＝青色、ブルー

③ 绿色 lùsè 名 ＝緑色

④ 黄色 huángsè 名 ＝黄色

⑤ 湖水 húshuǐ 名 ＝湖

⑥ 洁白 jiébái 形 ＝真っ白い、純白である

⑦ 瀑布 pùbù 名 ＝滝、瀑布

⑧ 迷人 mírén 形

＝人をうっとりとさせる、魅力的である

⑨ 就像～一样 jiù xiàng ～ yíyàng
＝まるで～ようだ

⑩ 画儿 huàr 名 ＝絵

⑪ 受到 shòu//dào 動 ＝受ける

⑫ 人为 rénwéi 形 ＝人為の、人為的な

⑬ 破坏 pòhuài 動 ＝破壊する、ぶち壊す

⑭ 得 děi 助 ＝～しなければならない

⑮ 景点 jǐngdiǎn 名 ＝観光スポット

ポイント

1　"就像～一样" 「まるで～のようだ」

(1) 画儿上的风景就像真的一样。　Huàr shang de fēngjǐng jiù xiàng zhēn de yíyàng.

★风景：風景、景色

(2) 老李高兴得就像孩子一样。　Lǎo Lǐ gāoxìngde jiù xiàng háizi yíyàng.

2　助動詞"得" 「～しなければならない」

(1) 听说明天得交作业。　Tīngshuō míngtiān děi jiāo zuòyè.　★交：提出する

(2) 我们得赶快准备。　Wǒmen děi gǎnkuài zhǔnbèi.　★赶快：早く、急いで

1 本文に基づいて質問に答えましょう。

(1) 加藤说九寨沟的风景怎么样？　答 _____

(2) 九寨沟的湖水有什么颜色的？　答 _____

(3) 九寨沟的风景有什么特色？　答 _____

2 下記の日本語の意味になるように、語句を並べ替えましょう。

(1) もうすぐ試験なので，早く復習しなければなりません。

（ 考试　我　复习　了　得　赶快　快要　,　。） ★复习 fùxí：復習する

_____

(2) 李さんは野球チームメンバーに選ばれ，(彼は)まるで子供のように喜んでいます。

（ 老李　队员　孩子　被　高兴　选为　就像　棒球　他　得　一样　,。）

★队员 duìyuán：チームメンバー

_____

3 CD を聞いて会話内容と一致するものに○をつけましょう。 TRACK 69

(1) 加藤去年八月去了九寨沟。　　（　　）

(2) 八月的九寨沟晚上很热。　　（　　）

(3) 八月的九寨沟晚上有点儿冷。　　（　　）

4 次の文を中国語に訳しましょう。

(1) ここの風景はまるで絵のようです。

_____

(2) もうこんな時間になったよ，私は早く会社に行かなきゃ。　　　★公司 gōngsī：会社

_____

(3) 私たちは急いで次の観光スポットに行きましょう。

_____

 を自己確認 **We Can!**

A 次の（　）を埋めて日本語に訳しましょう。

(1) 九寨沟（　　　）联合国教科文组织指定为世界自然遗产。
Jiǔzhàigōu（　）Liánhéguó Jiào Kē Wén Zǔzhī zhǐdìngwéi shìjiè zìrán yíchǎn.

*联合国教科文组织：国連ユネスコ

日本語訳：_____

(2) 快要毕业了，我（　　　）赶快找工作。　　　*找工作：就職活動する
Kuàiyào bìyè le, wǒ（　）gǎnkuài zhǎo gōngzuò.

日本語訳：_____

(3) 这件往事（　　）昨天发生的一样，记忆犹新。　　　*往事：昔の事
Zhè jiàn wǎngshì（　）zuótiān fāshēng de yíyàng, jìyì-yóuxīn.　　*记忆犹新：記憶に新しい

日本語訳：_____

B この課の中で一番覚えたい中国語を書いてみましょう。

┌─────────────────────────────┐
│   │
│   │
│   │
└─────────────────────────────┘

TRACK
70

加藤さんなど留学生は中国の古都である西安に見学に行く予定だ。

加藤： 陈 翔， 下星期 我们 去 西安 参观。
Chén Xiáng, xiàxīngqī wǒmen qù Xī'ān cānguān.

陈翔： 是 吗？ 西安 是 中国 的 古都， 有 很 多
Shì ma? Xī'ān shì Zhōngguó de gǔdū, yǒu hěn duō

名胜 古迹。
míngshèng gǔjì.

加藤： 你 推荐 几 个 好 地方 吧。
Nǐ tuījiàn jǐ ge hǎo dìfang ba.

陈翔： 有 时间 的话， 我 建议 你们 去 看看 兵马俑。
Yǒu shíjiān dehuà, wǒ jiànyì nǐmen qù kànkan Bīngmǎyǒng.

加藤： 我 听说过。 是 秦始皇 时代 的 出土 文物。
Wǒ tīngshuōguo. Shì Qínshǐhuáng shídài de chūtǔ wénwù.

陈翔： 对。 通过 参观 西安， 能 了解 很 多 古代
Duì. Tōngguò cānguān Xī'ān, néng liǎojiě hěn duō gǔdài

中国 文化。
Zhōngguó wénhuà.

語句

① 兵马俑 Bīngmǎyǒng 名 = 兵士や軍馬に
形取った素焼きの副葬品。日本の埴輪の
ようなもの。

② 西安 Xī'ān 名 = 陝西省にある中国の古
い都で、隋・唐時代は "长安 Cháng'ān"
と呼ばれていた。

③ 古都 gǔdū 名 = 古都

④ 名胜古迹 míngshèng gǔjì = 名所旧跡

⑤ 推荐 tuījiàn 動 = 推薦する、薦める

⑥ 地方 dìfang 名 = ところ、場所、箇所

⑦ 建议 jiànyì 動 = 提案する、勧める

⑧ 秦始皇 Qínshǐhuáng 名 = 秦の初代皇帝。
紀元前221年諸国を滅ぼし、中国史上初
めての統一国家を作り、自ら始皇帝と称
した。

⑨ 时代 shídài 名 = 時代、人生の一時期

⑩ 出土 chū//tǔ 動 = 出土する

⑪ 文物 wénwù 名 = 文物、文化財

⑫ 通过 tōngguò 介
= ～を通じて、～によって

⑬ 了解 liǎojiě 動
= 理解する、分かる、知る

Point ポイント

1 動詞 "建议" 「提案する、建議する」

(1) 我建议你们去奈良参观。　　Wǒ jiànyì nǐmen qù Nàiliáng cānguān.

(2) 医生建议我到温泉疗养。　　Yīshēng jiànyì wǒ dào wēnquán liáoyǎng.

★疗养：療養する

2 介詞 "通过～" 「～を通じて、～によって」

(1) 通过调查，我们掌握了情况。 Tōngguò diàochá, wǒmen zhǎngwò le qíngkuàng.

★掌握：把握する　情况：状況、事態

(2) 通过学习汉语，我了解了很多中国文化。
Tōngguò xuéxí Hànyǔ, wǒ liǎojiěle hěn duō Zhōngguó wénhuà.

1 本文に基づいて質問に答えましょう。

(1) 下星期加藤他们去哪儿参观？　　答 ＿＿＿＿＿＿＿＿＿＿＿＿＿＿

(2) 陈翔建议加藤去看什么？　　　　答 ＿＿＿＿＿＿＿＿＿＿＿＿＿＿

(3) 兵马俑是什么时代的出土文物？　答 ＿＿＿＿＿＿＿＿＿＿＿＿＿＿

2 下記の日本語の意味になるように、語句を並べ替えましょう。

(1) もし時間があるのなら，あなたたちに京都見物をお勧めします。

（ 时间　如果　建议　你们　我　京都　的话　参观　有　去　，。）

★京都 Jīngdū：京都

＿＿＿＿＿＿＿＿＿＿＿＿＿＿＿＿＿＿＿＿＿＿＿＿＿＿＿＿＿＿＿＿

(2) 中国への旅行を通じて，中国の文化を多く知りました。

（ 中国文化　通过　了解　中国　我　去　很多　了　旅行　，。）

＿＿＿＿＿＿＿＿＿＿＿＿＿＿＿＿＿＿＿＿＿＿＿＿＿＿＿＿＿＿＿＿

TRACK 72

3 CD を聞いて会話内容と一致するものに○をつけましょう。

(1) 加藤他们昨天刚从西安回来。　　　　　　（　　）

(2) 加藤他们看了兵马俑。　　　　　　　　　（　　）

(3) 除了兵马俑，加藤他们还想参观很多地方。（　　）

4 次の文を中国語に訳しましょう。

(1) よい場所をいくつか薦めてください。

_____

(2) 西安は中国の古都で，たくさんの名所旧跡があります。

_____

(3) 時間があれば，あなたたちに兵馬俑を見に行くのをお勧めします。

_____

A 次の（　）を埋めて日本語に訳しましょう。

(1) （　　　　）这次考试，我发现了自己学习方法上的弱点。　*发现：気づく
（　）zhè cì kǎoshì, wǒ fāxiànle zìjǐ xuéxí fāngfǎ shang de ruòdiǎn.

日本語訳：...

(2) 我的中国朋友（　　　）我去古都西安看看兵马俑。
Wǒ de Zhōngguó péngyou （　　）wǒ qù gǔdū Xī'ān kànkan Bīngmǎyǒng.

日本語訳：...

(3) 我们（　　　）各种民间交流，加深了两国人民的友谊。　*加深：深める
Wǒmen （　　）gè zhǒng mínjiān jiāoliú, jiāshēnle liǎng guó rénmín de yǒuyì.

日本語訳：...

B この課の中で一番覚えたい中国語を書いてみましょう。

第24課

達成度を自己確認 We Can!

TRACK
73 🖊 加藤さんは陳翔さんに就職活動をしているかどうかを尋ねている。

加藤：三　年级　的　学生　都　在　找　工作，你　还　没
Sān　niánjí　de　xuésheng　dōu　zài　zhǎo　gōngzuò, nǐ　hái　méi

找　吧？
zhǎo　ba?

陈翔：我　想　读　硕士　研究生，所以　先　不用　找。
Wǒ　xiǎng　dú　shuòshì　yánjiūshēng, suǒyǐ　xiān　búyòng　zhǎo.

加藤：将来　你　打算　做　什么　工作？
Jiānglái　nǐ　dǎsuàn　zuò　shénme　gōngzuò?

陈翔：我　学　的　是　经济，想　到　贸易　公司　工作。
Wǒ　xué　de　shì　jīngjì, xiǎng　dào　màoyì　gōngsī　gōngzuò.

加藤：那　你　到　外资　企业　工作　吧，工资　可能
Nà　nǐ　dào　wàizī　qǐyè　gōngzuò　ba, gōngzī　kěnéng

高　一些。
gāo　yìxiē.

陈翔：我　也　这样　想。不　知道　有　没有　机会。
Wǒ　yě　zhèyàng　xiǎng. Bù　zhīdào　yǒu　méiyǒu　jīhuì.

語 句

① 年级 niánjí 名 ＝学年
② 读 dú 動 ＝（学校で）勉強する、読む
③ 硕士 shuòshì 名 ＝修士、マスター
④ 研究生 yánjiūshēng 名 ＝大学院生（"读硕士研究生"は大学院の修士課程で勉強する、大学院の修士課程に入る）
⑤ 不用 búyòng 副
　＝～する必要がない、～するに及ばない
⑥ 将来 jiānglái 名 ＝将来
⑦ 经济 jīngjì 名 ＝経済
⑧ 贸易公司 màoyì gōngsī ＝貿易会社、商社
⑨ 外资 wàizī 名 ＝外資
⑩ 企业 qǐyè 名 ＝企業
⑪ 工资 gōngzī 名 ＝給料
⑫ 可能 kěnéng 副 ＝～かもしれない
⑬ 高 gāo 形 ＝高い
⑭ 一些 yìxiē 数量 ＝少し、わずか
⑮ 这样 zhèyàng 代 ＝このように、このような、こういうふうにする

ポイント

1 指示代名詞"这样"「このように、このような、こういうふうにする」

⑴ 那就这样吧。　　　　　　　　　Nà jiù zhèyàng ba.
⑵ 你也这样想吗？　　　　　　　　Nǐ yě zhèyàng xiǎng ma?
⑶ 不应该发生这样的错误。　　　　Bù yīnggāi fāshēng zhèyàng de cuòwù.

★错误：誤り、ミス

2 "不知道～"「分からない、知らない、～かな（かしら）」

⑴ 不知道你想不想当翻译。　　　　Bù zhīdào nǐ xiǎng bu xiǎng dāng fānyì.

★当翻译：翻訳（通訳）になる

⑵ 真不知道怎么感谢你。　　　　　Zhēn bù zhīdào zěnme gǎnxiè nǐ.

1 本文に基づいて質問に答えましょう。

(1) 陈翔为什么还没找工作？　　　答 _____

(2) 陈翔将来想到什么公司工作？　答 _____

(3) 哪儿的工资可能高一些？　　　答 _____

2 下記の日本語の意味になるように、語句を並べ替えましょう。

(1) 私は将来どんな仕事をすればよいか分かりません。

（ 我　将来　什么　好　工作　不知道　做　。 ）

_____

(2) 私は卒業後留学するつもりですから，とりあえず仕事を探す必要はないのです。

（ 所以　毕业　因为　我　留学　想　工作　去　先　后　找　不用　，。）

_____

TRACK 75 **3** CD を聞いて会話内容と一致するものに○をつけましょう。

(1) 加藤觉得做贸易工作一定很有意思。　　　（　　　）

(2) 加藤将来不想当翻译，想当大学老师。　　（　　　）

(3) 加藤现在还不知道将来想做什么工作。　　（　　　）

4 次の文を中国語に訳しましょう。

(1) 将来あなたはどんな仕事をするつもりですか。

_____

(2) 三年生の学生はみな仕事を探しています。

_____

(3) 私もそう思いますが，チャンスがあるかどうか分かりません。

_____

達成度 を自己確認 We Can!

A 次の（　）を埋めて日本語に訳しましょう。

(1) 如果大家都没有意见的话，就（　　　）定了。　　*定：決める、決定する
　　Rúguǒ dàjiā dōu méiyǒu yìjiàn dehuà, jiù (　　) dìng le.

　　日本語訳：_____

(2) 你别（　　　）看他，其实他这个人不坏。　　*其实：実は　*坏：悪い
　　Nǐ bié (　　) kàn tā, qíshí tā zhège rén bú huài.

　　日本語訳：_____

(3) 已经大学四年级了，我现在还（　　　　）将来应该做什么工作。
　　Yǐjīng dàxué sì niánjí le, wǒ xiànzài hái (　　) jiānglái yīnggāi zuò shénme gōngzuò.

　　日本語訳：_____

B この課の中で一番覚えたい中国語を書いてみましょう。

_____

TRACK
76 　🖊一年間の留学生活を終えた加藤さんは帰国する。

陈翔：加藤，再　检查　一下儿　护照　和　机票　都
　　　Jiāténg,　zài　jiǎnchá　yíxiàr　hùzhào　hé　jīpiào　dōu

带好　了　吗？
dàihǎo　le　ma?

加藤：嗯，没　问题，都　带着　呢。
　　　Èg,　méi　wèntí,　dōu　dàizhe　ne.

陈翔：离　登机　还　有　一　段　时间，再　买　一些
　　　Lí　dēngjī　hái　yǒu　yí　duàn　shíjiān,　zài　mǎi　yìxiē

礼物　吧。
lǐwù　ba.

加藤：够　了，再　买　我　可　拿不了　了。
　　　Gòu　le,　zài　mǎi　wǒ　kě　nábuliǎo　le.

＊　＊　＊

陈翔：加藤，对　我　来　说，这　一　年　太　难忘　了。
　　　Jiāténg,　duì　wǒ　lái　shuō,　zhè　yì　nián　tài　nánwàng　le.

加藤：我　也　是。你　努力　学习　吧，我们　日本　见！
　　　Wǒ　yě　shì.　Nǐ　nǔlì　xuéxí　ba,　wǒmen　Rìběn　jiàn!

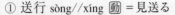

TRACK
77

語 句

① 送行 sòng//xíng 動 ＝見送る

② 检查 jiǎnchá 動
　＝検査する、点検する、確認する

③ 护照 hùzhào 名 ＝パスポート、旅券

④ 带 dài 動 ＝持つ、携帯する

⑤ 嗯 èg 感
　＝（肯定や承諾などを表す）うん、はい

⑥ 登机 dēng//jī 動
　＝（飛行機に）搭乗する

⑦ 段 duàn 量 ＝一定の距離や時間を表す

⑧ 够 gòu 動 ＝足りる、十分である

⑨ 拿不了 nábuliǎo ＝持てない

⑩ 对～来说 duì ～ lái shuō
　＝～にとって（は）

⑪ 难忘 nánwàng 形
　＝忘れがたい、忘れることができない

⑫ 努力 nǔ//lì 動・形 ＝努力する、頑張る

⑬ 见 jiàn 動 ＝会う

1 可能補語⑵　**動詞＋得（不）＋"了"**(liǎo)「～することができる（できない）、
　　　　　　　　　　　　　　　　　　　　　　～しきれる（しきれない）」

⑴ 我一个人吃不了这么多。　　　Wǒ yí ge rén chībuliǎo zhème duō.

⑵ 这里非常安全，东西丢不了。　Zhèli fēicháng ānquán, dōngxi diūbuliǎo.

★安全：安全である　丢：なくす、失う

2 **"对～来说"** 「～にとって（は）」

⑴ 对我来说，这个问题很难。　　Duì wǒ lái shuō, zhèige wèntí hěn nán.

⑵ 对中国人来说，北海道是一个很有魅力的地方。
　Duì Zhōngguórén lái shuō, Běihǎidào shì yí ge hěn yǒu mèilì de dìfang.

★有魅力：魅力がある

第
26
課

1　本文に基づいて質問に答えましょう。

(1)　陈翔让加藤再检查一下儿什么？　　答 _____

(2)　陈翔还要再买什么？　　　　　　　答 _____

(3)　最后加藤说什么了？　　　　　　　答 _____

2　下記の日本語の意味になるように、語句を並べ替えましょう。

(1)　こんなにたくさんの仕事を私一人ではこなし切れない。
　　　（　我　工作　的　一个人　多　做不了　这么　。　）

_____

(2)　私にとって，これは得がたいチャンスです。
　　　（　一个　机会　对我来说　这　难得　是　的　，　。　）

★难得 nándé：得がたい

_____

3　CD を聞いて会話内容と一致するものに○をつけましょう。

(1)　陈翔的女朋友是加藤。　　　　　　　　　　（　　　）

(2)　陈翔不想去日本，因为得写毕业论文。　　（　　　）

(3)　陈翔很想去日本，可是他得写毕业论文。　（　　　）

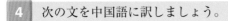

4 次の文を中国語に訳しましょう。

(1) これ以上買うと，もう持ち切れなくなりますよ。

_____

(2) 大丈夫，パスポートは持っていますよ。

_____

(3) 私にとって，この一年はたいへん忘れがたいものとなりました。

_____

 を自己確認 *We Can!*

Ⓐ 次の（　）を埋めて日本語に訳しましょう。

(1) 能进这家公司工作，（　　　　），就像做梦一样，我太满足了。
Néng jìn zhè jiā gōngsī gōngzuò, (　　), jiùxiàng zuòmèng yíyàng, wǒ tài mǎnzú le.

日本語訳：...

(2) 这么高档的商品，在大城市卖（　　　）了，在我们这里绝对卖不了。
Zhème gāodàng de shāngpǐn, zài dà chéngshì mài (　　) liǎo, zài wǒmen zhèlǐ juéduì màibuliǎo.
　　　　　　　　　　　　　　　　　　　　　　　　*高档：高級の　*城市：都市

日本語訳：...

(3) （　　　　），这是我一生中最美好、最难忘的记忆。　　　*最：最も
（　　），zhè shì wǒ yìshēng zhōng zuì měihǎo、zuì nánwàng de jìyì.

日本語訳：...

Ⓑ この課の中で一番覚えたい中国語を書いてみましょう。

_____

改訂版 たのしくできる We Can! 中国語
中級

検印 省略	© 2021 年 1 月 15 日　第 1 版　発行

著　者	徐　　送　迎

発行者	原　　雅　久

発行所　　　　　株式会社 朝 日 出 版 社
　　　　〒 101-0065　東京都千代田区西神田 3-3-5
　　　　　　　電話 (03) 3239-0271 (直通)
　　　　　振替口座　東京 00140-2-46008
　　　　　　　　欧友社／図書印刷